완전 정복! 대한민국 VS 세계 위인

역사로 보는 인물의 세계

역사를 이끈 리더들

완전 정복! 대한민국 VS 세계 위인
역사로 보는 인물의 세계: 역사를 이끈 리더들

이은정 글 | 양미연 그림
초판 1쇄 발행일 2023년 11월 25일
펴낸이 박봉서　**펴낸곳** (주)크레용하우스　**출판등록** 제1998-000024호
편집 이민정·최은지　**디자인** 김금순　**마케팅** 한승훈·신빛나라
주소 서울 광진구 천호대로 709-9　**전화** (02)3436-1711　**팩스** (02)3436-1410
인스타그램 @crayonhouse.book　**이메일** crayon@crayonhouse.co.kr

ⓒ 이은정 2023
이 책에 실린 글과 그림은 무단 전재 및 무단 복제할 수 없습니다.
KC마크는 이 제품이 공통안전기준에 적합하였음을 의미합니다.

ISBN 979-11-7121-029-9 74810

완전 정복! 대한민국 VS 세계 위인

역사로 보는 인물의 세계
역사를 이끈 리더들

이은정 글 양미연 그림

크레용하우스

작가의 말

선생님이 친구들과 함께 서대문 형무소에서 일제 강점기를 공부하던 때였어.

"서대문 형무소는 1908년 일본에 의해 지어진 건물로 1945년 해방 전까지 수많은 독립 운동가를 가두고 고문했던 곳이야. 이곳에 수감된 독립 운동가들은 인간으로서 보장받아야 하는 기본적인 생존권조차 박탈당한 채 추위와 배고픔까지 견뎌야 했단다. 앞으로 둘러볼 여옥사 8호 감방에는 죽는 순간까지 '대한민국 만세!'를 외쳤던 소녀가 있었어. 그 소녀는……."

"유관순입니다!"

선생님이 말을 끝맺기도 전에 앞에 서 있는 학생이 외쳤어.

그 순간 선생님은 우리가 잊지 말아야 할 인물을 기억하고 있는 친구들이 대견스러웠단다. 그런데 말이야, 선생님의 설명을 듣던 학생 중 한 명이 물었어.

"선생님, 외국에도 목숨을 바친 애국 소녀가 있었나요?"

갑작스런 질문에 살짝 당황하긴 했지만 유관순에 버금가는 인물이 프랑스에 있었다는 사실이 떠올랐어. 바로 프랑스의 애국 소녀 잔 다르크란다.

    수업을 마치고 서대문 형무소를 나오며 생각했어. 기회가 되면 비슷한 업적을 가진 인물을 책으로 엮어 보면 재미있을 것 같다고 말이지.

    그런데 선생님의 바람이 이루어졌단다. 크레용하우스에서 한국의 인물과 세계의 인물을 비교하며 볼 수 있는 책을 써 보면 좋겠다는 연락을 받았기 때문이야.

    이후 우리나라의 역사와 세계사를 훑으며 다양한 분야에서 최선을 다한 인물을 찾았어. 그중에서 감동과 재미를 갖춘 인물을 선별했단다.

    이 책을 읽는 친구들에게 바람이 있다면 과거 인물의 삶을 들여다보면서 현재의 내가 어떤 하루를 보내야 할지 고민하는 시간이 되었으면 하는 것이란다.

    마지막으로 크레용하우스 편집부에게 감사의 인사를 전하고 싶어. 그럼 위대한 인물들의 이야기를 재미있게 읽어 주길.

하늘이 눈부신 날
이은정

차례

정복	**대제국을 이룬 왕**	
	광개토 대왕 내가 가는 곳이 영토다	10
	칭기즈 칸 몽골 제국을 건설하다	16

지혜	**아름다움과 지혜로움을 겸비한 여왕**	
	선덕 여왕 우리나라 최초의 여왕이 되다	24
	클레오파트라 이집트를 위해 삶을 바치다	31

통일	**통일을 완성한 왕**	
	문무왕 삼국 통일을 완성하다	38
	진시황 중국을 최초로 통일하다	44

개혁	**새로운 나라를 꿈꾼 왕**	
	왕건 고려를 건국하다	52
	나폴레옹 프랑스의 황제가 되다	58

명장	**바다에서 나라를 구한 명장**	
	이순신 임진왜란을 승리로 이끌다	66
	호레이쇼 넬슨 영국의 해전 영웅이 되다	73

평등	**평등을 외친 운동가**		
	전봉준	백성이 주인인 나라를 꿈꾸다	80
	넬슨 만델라	인종 차별에 대항하다	86

인권	**여성의 인권을 위해 싸운 신여성**		
	나혜석	여자보다 사람을 외치다	94
	올랭프 드 구즈	여성의 권리를 선언하다	100

리더십	**독립 운동을 이끈 지도자**		
	김구	독립과 통일을 염원하다	106
	마하트마 간디	인도 독립을 이끌다	113

애국	**목숨을 바친 애국 소녀**		
	유관순	대한 독립을 외치다	120
	잔 다르크	프랑스의 승리를 부르짖다	127

자유	**노동 운동의 불꽃**		
	전태일	노동이 존중되는 사회를 꿈꾸다	134
	이크발 마시	어린이 노동 착취를 알리다	141

정복

대제국을 이룬 왕

광개토 대왕

칭기즈 칸

내가 가는 곳이 영토다
(374~412년)

　광개토 대왕은 고구려의 제19대 왕이야. 광개토 대왕 이전의 고구려는 잦은 전쟁으로 힘든 시기를 보냈어. 고구려 제16대 왕인 고국원왕과 연나라 황제 모용황과의 전쟁에서는 제15대 왕이었던 미천왕의 시신까지 빼앗기는 수모를 당하기도 했지. 미천왕의 아들이었던 고국원왕은 미천왕의 시신을 찾고자 했으나 끝내 찾지 못한 채 백제와의 전투에서 화살에 맞아 전사했어.

　이런 혼란 속에서 소수림왕이 제17대 왕이 되었고 소수림왕은 위기에 빠진 고구려를 재건하며 나라의 기틀을 세우게 되지. 소수림왕의 뒤를 이어 동생인 고국양왕이 왕이 되었고 고국양왕의 아들인 광개토 대왕은 왕이 되기 위해 혹독한 교육을 받으며 자랐다고 해.

지혜를 겸비한 용맹한 태자, 담덕

광개토 대왕은 고구려 제18대 왕인 고국양왕의 아들로 태어났어. 광개토 대왕은 묘호(왕이 죽은 뒤에 생전의 공덕을 기리어 붙인 이름)이고 이름은 담덕이란다. 담덕은 글공부도 잘했고 무예 실력도 뛰어났어. 특히 활쏘기에 있어서는 따를 자가 없을 정도였지. 달리는 말에서 목표물을 쏘아도 벗어난 적이 없을 만큼 백발백중이었거든. 담덕은 전략과 전술을 익히기 위해 책에서 보았던 병법을 실제로 연마하거나 보완하기도 했다고 해.

광활한 영토를 차지하다

'나라를 빛낸 100명의 위인'이란 노래를 알고 있니? 가사 중에 '만주 벌판 달려라 광개토 대왕'이란 구절이 있듯 우리나라에서 광개토 대왕 하면 영토 확장이 가장 먼저 떠오를 거야. 광개토 대왕이 남쪽으로는 한강을 넘어 지금의 강원도와 경기도, 충청도 일부, 북쪽으로는 북만주와 시베리아 지방, 서쪽으로는 광대한 요동(랴오둥) 지역까지 정복해 고구려의 땅으로 만들었단다.

광개토 대왕은 18살의 어린 나이로 왕이 되었어. 국토가 안전해야 백성들이 편히 살고 그래야 나라가 강해진다고 믿었던 광개토 대왕은 영토를 넓히고 다른 나라들이 침략하지 못하도록 국력을 키우고자 했어.

왕위에 오른 지 두 달 만에 광개토 대왕은 백제를 공격했어. 직접 군사를 지휘해 순식간에 백제의 북쪽 성을 빼앗았어. 같은 해 10월에는 백제의 국경에 있는 관미성을 공격했지. 관미성은 백제의 해상 기지가 있는 곳이자 바다로 나갈 수 있는 유일한 통로였지만 사면이 절벽이었고 바다로 둘러싸여 있는 곳이라 공격이 쉽지 않은 곳이었어. 광개토 대왕은 군사를 일곱 길로 나누어 거침없이 밀어붙인 끝에 관미성을 차지하며 백제를 무릎 꿇렸어.

광개토 대왕이 관미성을 차지하려 했던 이유는 관미성 주변은 땅이 좋아 곡식이 잘 자라고 물길을 이용해 중국과 교류할 수 있었기 때문이야.

이후 북쪽으로 눈을 돌린 광개토 대왕은 요동 지역까지 차지했어. 거란이 차지하고 있던 요동 지역은 대륙으로 진출할 수 있는 길목이라 전략적으로 중요한 곳이었거든. 더군다나 거란은 호시탐탐 고구려 북쪽을 침범해 고구려인을 끌고 가서 노예처럼 부렸어. 광개토 대왕은 거란을 정벌하면서 5백여 명의 포로와 끌려갔던 1만여 명의 고구려인을 데리고 왔지.

경제적 이득도 얻었어. 거란이 차지하고 있던 시라무렌강을 손에 넣으며 소금을 채취할 수 있게 됐거든. 당시에는 소금을 화폐처럼 사용했는데 시라무렌강 유역이 소금 산지였지.

당시 거란족이 있던 구릉 지대에는 말, 소, 양 등의 가축이 많았는데 이 가축들도 획득하게 되었지. 이때 얻은 말들은 고구려의 군사적 물자가 되었단다.

철제 무기나 농기구를 만들 수 있는 철광석 산지도 고구려 수중에 들어왔어. 고구려는 작은 쇳조각을 물고기 비늘 모양으로 잘라 엮은 철 갑옷을 만들어 입었어. 철 갑옷은 판으로 된 갑옷보다 가볍고 움직임이 편할 뿐만 아니라 화살을 막는 데도 유리했지. 이후 광개토 대왕은 북부 시베리아의 동부여를 정벌하고 황화까지 진출하며 고조선의 옛 영토까지 되찾았단다.

고구려가 막강한 힘을 가질 수 있었던 중심에는 최강의 전투 부대인 개마무사가 있었어. 개마란 철 갑옷을 입힌 말을 뜻하는데 고구려의 개마무사는 말과 기사 모두 철 갑옷으로 무장했지. 지금의 함경도에 있는 개마고원도 고구려의 개마무사들이 달리던 곳이라는 뜻으로 붙여진 지명이라고 해. 말까지 철로 된 장비로 무장했다는 것은 고구려의 철기 문명이 얼마나 뛰어난 수준이었는지를 보여 주지. 개마무사는 광개토 대왕이 정복 전쟁을 하는 데 주력이 되었고 당시 개마무사만 5만 명에 이르렀다고 추정되고 있단다. 광개토 대왕은 개마무사들과 함께 열심히 훈련했고 전쟁을 두려워하지 않았어.

우리가 광개토 대왕을 위대한 왕이라 칭하는 또 다른 이유는 백성들의 삶을 풍족하게 만들기 위해 노력했다는 거야. 농사짓는 방법을 개량해 많은 곡식을 거둘 수 있도록 힘썼고 마을마다 학교를 세워 우리 민족이 단군의 자손이라는 사실에 자부심을 갖게 했어. 또 절을 세워 불교를 장려하기도 했어. 백성의 마음을 하나로 모으기 위해서였지.

광개토 대왕비

광개토 대왕의 뒤를 이어 왕이 된 장수왕은 아버지의 위대한 업적을 기리기 위해 비석을 세웠어. 광개토 대왕비는 지금의 중국 지린성에 있으며 높이가 6.39미터이고 무게가 37톤으로 웬만한 건물의 3층 높이야. 비문에는 고구려의 역사와 광개토 대왕의 업적이 앞뒤 좌우로 빼곡하게 기록되어 있지. 광개토 대왕을 '국강상광개토경평안호태왕'이라고 칭하고 있는데 국강상은 왕의 무덤이 국강상에 있다는 뜻이고 광개토경은 땅을 널리 개척했다는 뜻이야. 평안은 나라를 평안하게 했다는 뜻이고 호태왕은 훌륭한 왕을 기린다는 의미지.

비문에 광개토 대왕은 영토만 넓힌 것이 아니라 백성들이 잘 살 수 있는 정치를 펼쳤다고도 새겨져 있어. 이것은 광개토 대왕이 사용했던 연호에서도 확인할 수 있어. 연호는 임금이 즉위한 해에 붙이는 칭호인데 광개토 대왕은 영락이라는 연호를 사용했어. 영락은 '백성들을 즐겁게 하리라'라는 뜻이야.

칭기즈 칸
몽골 제국을 건설하다
(1162~1227년)

　칭기즈 칸은 대영 제국 다음으로 세계 최대 제국을 건설했던 역사적인 인물이야. 아주 넓은 땅을 차지하며 엄청난 세력을 떨쳤지. 당시 몽골 초원에 살던 몽골 부족들은 물과 풀밭을 찾아 옮겨 다니는 유목 생활을 했는데 물자가 부족해 서로 침략을 일삼았단다. 칭기즈 칸은 이를 해결하려면 약탈이 아닌 교역을 해야 한다는 것을 알고 있었어. 그래서 칭기즈 칸은 부족을 통일하고 몽골 너머로 정복 전쟁을 벌였어.

　작은 부족의 소년이 아시아뿐 아니라 러시아와 동유럽에 이르는 제국을 정복하기까지 어떤 삶을 살았는지 알아볼까?

고단한 어린 시절을 보낸 테무친

　칭기즈 칸의 원래 이름은 '용감한 자'라는 뜻의 테무친이야. 테

무친은 9살이 되던 해 보르테를 아내로 맞이하기 위해 아버지와 길을 떠났어. 결혼하기에는 어린 나이였지만 몽골 부족은 결혼을 통해 동맹을 맺어 세력을 확장했거든. 그런데 결혼식을 마치고 돌아오던 길에 타타르족에 의해 아버지가 독살됐어.

아버지의 죽음은 테무친에게도 충격이었어. 그러나 아버지의 죽음을 슬퍼할 겨를도 없이 테무친에게 고난과 역경이 찾아왔단다. 작은 부족이었지만 부족장의 죽음으로 부족민들은 흩어졌고 재산마저 빼앗기며 빈털터리가 됐지. 친척들마저 테무친의 가족을 버렸기에 어린 테무친은 가족을 이끌고 떠돌이 생활을 해야 했어.

몽골은 겨울이 되면 영하 40도를 오르내리는 날씨라 추위를 견디는 것이 쉽지 않았지만 테무친은 자신에게 닥친 가혹한 운명을 받아들이며 가족을 돌보았어. 풀뿌리를 캐거나 쥐를 잡아먹으면서까지 버텼지. 테무친은 다른 부족의 공격을 받아 포로가 되는 등 위기에 놓였지만 살고 싶다는 강한 의지로 적의 감시가 허술한 틈을 타 탈출했단다.

대제국을 건설한 몽골의 정복자

여러 번의 죽을 고비를 넘긴 테무친은 분열되었던 몽골 부족을 통합하려는 목표를 세웠어. 전쟁이 시작된 후 테무친이 승리할 때마다 힘 있는 자들을 받아들였어. 테무친은 용맹한 군사들과 함께 다양한 전략과 전술을 사용했지. 전쟁마다 승리를 쟁취한 테무친은 타타르족, 케레이트족, 나이만족 등 크고 작은 부족을 모두 복속시켰어.

몽골족을 통일한 테무친은 부족장 회의에서 몽골 민족 전체의 우두머리인 칸으로 임명되며 칭기즈 칸으로 불리게 되었어. 칭기즈 칸은 위대한 칸이라는 뜻이야. 칭기즈 칸은 통일된 몽골족을 더 강하게 만들기 위해 군사 조직을 정비하고 법령을 제정했어.

칭기즈 칸은 가장 먼저 비단길의 길목에 있는, 탕구트족이 세운 서하를 침략했어. 그리고 금나라로 눈을 돌렸어. 칭기즈 칸에게 금나라는 꼭 정복해야 하는 나라였어. 금나라는 몽골 부족끼리 서로 싸우게 하고 재물을 약탈해 갔기 때문이야. 그리고 안정적인 교역권을 확보하기 위해서도 금나라를 장악해야 했지. 칭기즈 칸의 기마 부대는 순식간에 만리장성을 장악하고 금나라의 수도였던 지금의 북경까지 손에 넣었어. 그러고는 금나라 서쪽에 있던 서요까지 굴복시켰지.

칭기즈 칸은 이슬람 왕국이었던 호라즘에 사신을 보내 교역을 청했지만 호라즘은 사신을 죽이고 말았어. 이에 칭기즈 칸은 단숨에 호라즘을 정복하고 아시아와 유럽의 경계가 되는 캅카스산맥을 지나 러시아 남쪽 땅도 손에 넣었어. 칭기즈 칸의 뒤를 이어

손자 쿠빌라이 칸에 이르자 몽골 제국은 페르시아를 지나 동유럽까지 세력을 확장했단다.

뛰어난 전략가

칭기즈 칸이 차지한 몽골 제국의 영토는 이전의 어느 나라와도 비교할 수 없을 만큼 넓었어. 세계의 절반이 몽골 제국의 땅이 되었으니 말이야. 칭기즈 칸이 대제국을 세울 수 있었던 힘은 강력한 군대와 리더십이 있었기 때문이야.

유목 민족의 특성상 칭기즈 칸의 군대는 강한 체력과 뛰어난 기마술을 가질 수 있었어. 어릴 때부터 말을 탔던 몽골족은 말 위에서 일주일간 먹고 잘 수 있을 정도로 말과 친숙해. 칭기즈 칸의 기마 부대는 기동성을 높이기 위해 4~5마리의 말을 끌고 전쟁에 나섰어. 그러고는 2~3일마다 말을 갈아타며 속도를 유지했어.

장거리 전투에 유리하도록 음식은 말 위에서 먹을 수 있는 식량으로 준비했어. 말 젖으로 만든 치즈나 소고기와 양고기로 만든 육포는 상하지도 않고 휴대도 간편했지.

전투를 통해 다른 나라에서 획득한 투석기와 화약을 전쟁에 활용하기도 했어. 투석기는 시위를 당겼다 놓으면 돌이 날아가는 무기야. 칭기즈 칸은 이런 무기를 사용해 동서 교역로였던 초원길, 비단길을 이용하는 상인들을 보호하고 그들로부터 정보를 얻기도 했지.

또한 칭기즈 칸은 여러 나라의 유능한 인재를 차별 없이 골고루 등용했어. 자신에게 화살을 쏜 적군의 용맹함을 인정해 장수로 삼기도 했어. 이 일화에서 보듯 칭기즈 칸은 유능한 인재를 자기 편으로 만들 줄 아는 리더였어. 무기를 제작하는 사람이나 의술인, 토목 기술자 등 필요하다면 어느 나라 사람이든 등용해 몽골 제국을 건설하는 데 도움이 되도록 했지.

대제국을 건설하다

칭기즈 칸은 서하를 완전히 무너뜨리기 위해 제6차 서하 침공을 떠났다가 1227년 죽음을 맞이했어. 원정 도중 말에서 떨어지며 입은 부상이 악화된 탓이었지.

몽골 제국을 건설했던 칭기즈 칸은 세상을 바꿔 놓았다는 평을 받고 있어. 칭기즈 칸과 그의 후손들이 아시아에서 동유럽에 이르는 대제국을 건설하면서 교역권이 하나로 통합되어 아시아와 유럽의 문명을 연결하는 초원길, 비단길, 바닷길을 통해 동서양이 자유롭게 물품과 사람, 사상을 교류할 수 있었기 때문이야.

칭기즈 칸의 죽음 이후 손자였던 쿠빌라이 칸은 할아버지의 뜻을 이어받아 나라 이름을 원으로 바꾸고 남송을 멸망시킨 다음 중국 전역에 이르는 원나라를 통치하며 중국의 황제이자 몽골의 칸으로 나라를 이끌었어.
　하지만 쿠빌라이 칸의 죽음 이후 몽골 제국이 여러 개로 분열되면서 왕조의 힘이 약해졌고 160여 년간 견고했던 몽골 제국은 결국 붕괴되고 말았단다.

지혜

아름다움과 지혜로움을 겸비한 여왕

선덕 여왕

클레오파트라

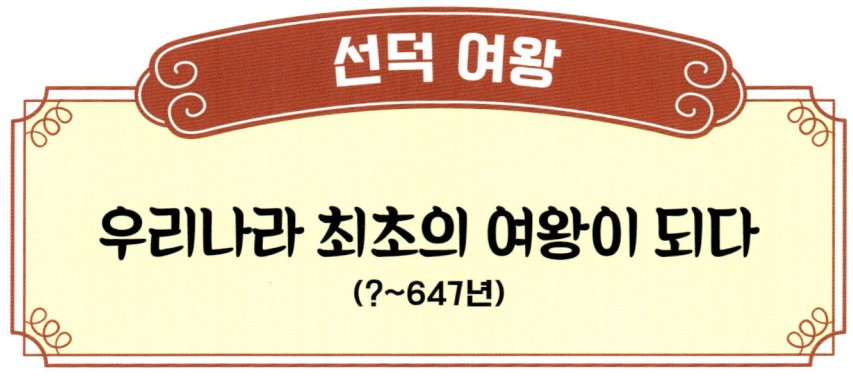

선덕 여왕

우리나라 최초의 여왕이 되다
(?~647년)

신라에는 혈통에 따라 신분을 나누는 골품제가 있었어. 골품제에 따라 신라의 신분은 크게 골과 품으로 나눈단다.

골은 왕족으로 첫째 등급인 성골과 둘째 등급인 진골이 있었고 품은 높은 순서에 따라 높은 6두품에서 낮은 1두품으로 나눌 수 있었지.

신라는 철저한 신분 사회였기 때문에 관직은 물론 관복의 색, 집의 크기와 집을 짓는 재료, 심지어 가마의 바퀴 크기까지 골품제에 따라야 했어.

그런데 신라의 제26대 왕이었던 진평왕이 딸들만 남기고 세상을 떠나자 신라 왕실은 혼란에 빠졌어. 성골에서 왕위를 이어받을 수 있는 남성이 없었기 때문이지. 혈통을 중시하는 신라 왕실은 어떤 선택을 했을까?

준비된 왕이었던 덕만

진평왕의 죽음 이후 신라 왕실은 성골의 여자냐, 진골의 남자냐를 두고 고민했어. 신라의 귀족들이 나라의 중요한 일을 결정하던 기구인 화백 회의에서 성골이 왕위를 이어야 한다는 결론을 내렸고 결국 덕만 공주가 선덕 여왕이 됐지.

아쉽게도 선덕 여왕의 출생에 관한 역사적 기록은 거의 남아 있지 않아. 삼국사기와 삼국유사에 진평왕의 딸이라는 기록만 남아 있을 뿐이야.

애민 정치를 펼치다

진평왕이 죽기 직전에 칠숙과 석품이 반란을 일으키기도 했어. 여자인 덕만 공주가 왕위에 오르는 것에 대한 반발이었을 거야. 우리나라 최초로 여왕이 된 선덕 여왕은 성골 신분을 강조하며 신성성을 내세우기 위해 성고황조라는 존호를 사용했어. 이를 통해 왕위 계승의 정당성을 확보하려 했지. 성고황조는 성스러운 혈통을 가진 여황제라는 뜻이야.

선덕 여왕은 즉위하자마자 전국에 사신을 보내 홀아비와 홀어미, 고아와 늙어 자식이 없는 백성에게 곡식과 땔감을 마련해 겨울을 편히 날 수 있도록 했어. 흉년이나 전염병으로 가난해진 백성들에게 세금을 면제하는 진휼 정책도 펼쳤지.

지방 조직을 정비하고 당나라에 관리의 자제를 보내 국자감에 입학시키기도 했어. 당나라 국자감은 유학을 가르치는 교육 기관으로 유교에서 중시하는 충효 사상을 통해 왕과 나라에 대한 충성을 가르쳤지.

선덕 여왕 집권 초기에 백제나 고구려의 침략이 잦았어. 이에 선덕 여왕의 반대 세력은 외세의 침략이 잦은 이유가 왕이 여자이기 때문이라는 논리를 펴기도 했지. 638년 고구려가 침략하자 선덕 여왕은 알천 장군을 보내 고구려를 막고 백성들의 불안을 달랬어. 642년에는 백제의 의자왕이 신라 서쪽의 요충지인 대야성을 공격해 무너뜨렸어.

김유신과 김춘추, 탁월한 인재 발굴

선덕 여왕은 김유신과 김춘추라는 유능한 인재를 발굴해 위기에서 벗어났어. 김유신은 진골이긴 했으나 가야 왕족의 후손이라는 약점이 있었어. 김유신은 15살에 화랑이 되어 무예를 익힌 후 위태로운 신라를 구하기 위해 목숨을 바쳐 적군과 싸웠고 김유신이 이끄는 부대는 전쟁마다 승리했어.

647년 비담과 염종이 여왕은 나라를 잘 다스릴 수 없다며 반란을 일으키자 선덕 여왕은 김유신에게 반란군을 진압하라 명했고 김유신은 반란 세력을 몰아내는 데 성공했어.

또한 선덕 여왕은 위기를 극복하기 위해 김춘추로 하여금 외교에 힘을 쏟도록 했어. 김춘추는 폐위된 진지왕의 손자라는 약점이 있는 인물이었지만 선덕 여왕은 신라에 필요한 인재라 생각했지. 선덕 여왕의 명을 받은 김춘추는 당나라와의 외교에 앞장섰어. 여러 차례 당나라에 간 김춘추는 당나라 태종을 설득해 신라와 당나라가 연합군을 맺는 데 결정적인 역할을 했지. 신라와 당나라가 뜻을 함께한 나당 연합군은 신라가 고구려와 백제를 통일하는 바탕이 되기도 했어. 훗날 김춘추는 진골이라는 신분의 불리함을 뛰어넘고 진덕 여왕의 뒤를 이어 태종 무열왕이 된단다.

신라 문화를 발전시키다

고구려와 백제의 침략이 잦았던 신라는 백성들의 마음을 하나로 모을 무언가가 필요했지. 선덕 여왕은 불교의 힘으로 왕권을 강화하고 민심을 달래고 이웃 나라의 침략도 막고자 했어. 승려였던 자장을 당나라로 보내 불교의 교리를 익히게 하고 분황사와 황룡사 9층 목탑 등도 세웠지.

선덕 여왕의 업적 중 빼놓을 수 없는 것이 바로 첨성대야. 첨성대는 별자리를 관측하는 기구로써 동양에서 가장 오래된 천문 기기란다. 선덕 여왕은 별자리의 움직임으로 국가의 길흉과 절기를 알고자 했어. 당시에 별자리를 관찰하는 것은 당나라만 하던 일이었는데 당나라의 견제가 있었음에도 첨성대를 완성했다는 것은 선덕 여왕이 자주적인 국가를 만들겠다는 의지가 강했다고 볼 수 있지.

뛰어난 지혜

삼국유사에 선덕 여왕의 지혜를 엿볼 수 있는 일화가 있어.

하나는 당나라 태종에게서 받은 모란도와 꽃씨에 관한 일화야. 당나라 태종이 보낸 모란도를 본 선덕 여왕은 모란꽃에 향기가 없을 것이라고 했지. 신하가 꽃씨를 궁궐 뜰에 심었는데 얼마 후 피어난 모란꽃에서 정말 향기가 전혀 나지 않았어. 신하들이 선덕 여왕에게 어찌 알았느냐 물으니 그림 속 모란꽃에 나비가 없으니 향기가 없을 것이라 생각했다는 거야.

두 번째 일화는 영묘사 근처에 있던 옥문지라는 연못에서 있었던 일이야. 선덕 여왕이 떼 지어 있던 개구리를 보더니 가던 길을 멈췄다고 해. 개구리 떼가 겨울에 나타나 우는 것이 이상했기 때문이지. 선덕 여왕은 알천으로 하여금 군사를 이끌고 서쪽의 여근곡으로 가라 했고 명을 받은 알천은 여근곡에 몰래 숨어 있던 백제 군사를 물리칠 수 있었대.

이에 신하들이 어찌 알았는지 묻자 선덕 여왕은 개구리가 심히 우는 모습은 병사들의 모습이고, 개구리가 있던 옥문은 음의 기운을 상징한다며 음의 기운은 백색이고 백색은 서쪽을 뜻하니 여근곡에 적군이 숨어 있다는 것을 미리 알 수 있었다고 말했대.
 선덕 여왕의 앞을 내다보는 지혜가 정말 뛰어나지 않니?

클레오파트라
이집트를 위해 삶을 바치다
(기원전 69~30년)

클레오파트라가 여왕으로 즉위하기 이전, 이집트는 멸망으로 치닫고 있었어. 프톨레마이오스 3세까지만 하더라도 이집트는 강한 군사와 막강한 힘을 가지고 고대 바빌로니아까지 쳐들어갈 만큼 세력이 대단했어.

하지만 프톨레마이오스 4세 이후 점차 지배층의 부정부패에 시민들의 반란이 더해지며 혼란스런 가운데 다른 나라까지 이집트를 차지하기 위해 계속 눈독을 들였지.

위기에 빠진 이집트는 나라를 지키기 위해 로마에 도움을 요청했고 이집트는 조금씩 로마의 내정 간섭을 받으며 로마의 손아귀에 들어가고 있었어.

이런 상황에서 왕위에 오른 클레오파트라는 이집트를 구하기 위해 어떻게 했을까?

지성과 재능을 겸비하다

이집트의 마지막 파라오였던 클레오파트라는 프톨레마이오스 12세의 딸로 태어났어. 정식 이름은 클레오파트라 7세 필로파토르란다. 클레오파트라는 어릴 때부터 다양한 교육을 받았고 가장 좋아하던 곳은 알렉산드리아 도서관이었다고 해. 정치와 철학, 과학 등 다양한 책을 볼 수 있는 도서관은 클레오파트라의 놀이터였지. 클레오파트라는 다양한 책을 읽으며 지식을 쌓았고 그리스어와 이집트어, 아랍어 등 9개 언어를 사용할 만큼 언어에 뛰어난 재능을 보였다고 해.

아버지였던 프톨레마이오스 12세는 클레오파트라가 18살이 되던 해 남동생인 프톨레마이오스 13세와 결혼해 이집트를 통치하라는 유언을 남기고 사망했어.

이집트 경제를 일으키다

프톨레마이오스 왕조는 권력을 유지하기 위해 가족 간의 결혼을 해 왔었고 클레오파트라도 프톨레마이오스 13세와 결혼했어. 클레오파트라는 10살인 남편이자 동생을 배제하고 혼란스러운 이집트를 구하기 위해 노력했어. 이집트에 닥친 경제 위기도 극복해야 했지.

이집트는 지속된 흉년으로 식량이 부족해지자 곡물 가격이 몇

배로 뛰면서 화폐 가치가 떨어졌어. 클레오파트라는 국채를 발행해 환율을 낮추는 정책을 펼쳤고 그 결과 수출이 증가하면서 경제 위기를 극복했어. 위기를 기회로 삼은 클레오파트라를 응원하는 이집트인들이 많아졌지. 뿐만 아니라 클레오파트라는 학문과 예술을 후원하는 데도 앞장섰고 궁전 박물관에서 열리는 토론회에도 참가했지. 점점 더 많은 사람들이 해박한 지식과 백성을 생각하는 마음까지 갖춘 클레오파트라를 지지했어.

권력을 위해 카이사르와 손잡다

로마가 대제국으로 성장하며 이집트를 압박해 왔고 남편이자 동생인 프톨레마이오스 13세가 성장하자 동생을 지지하던 세력이 클레오파트라에게 반기를 들었어.

결국 클레오파트라와 프톨레마이오스 13세의 갈등으로 클레오파트라는 쫓겨나고 이집트는 프톨레마이오스 13세가 다스리게 됐지.

권력 싸움에서 패한 클레오파트라는 왕권을 되찾을 수 있는 기회를 노리며 시간을 보내던 중 뜻밖의 소식을 들었어. 로마 제국에서 폼페이우스와 카이사르의 내전이 있었는데 이 싸움에서 패한 폼페이우스가 이집트로 망명 의사를 밝혔다는 거야. 이에 프톨레마이오스 13세는 폼페이우스를 받아 주는 척하며 폼페이우스를 살해한 후 그의 목을 카이사르에게 보냈지. 프톨레마이오스 13세는 카이사르로부터 좋은 소식이 올 거라 기대했지만 카이사르는 로마 제국의 집정관이었던 폼페이우스를 죽인 프톨레마이오스 13세에게 분노했어. 이 소식을 들은 클레오파트라는 카이사르를 이용해 왕권을 되찾으려 했어.

일설에 따르면 클레오파트라는 카이사르 군대가 이집트에 도착했다는 소식을 듣고는 신하에게 자신을 양탄자로 만 후 양탄자를 카이사르에게 보내라고 했대. 양탄자가 펼쳐지고 나타난 클레오파트라는 아름다울 뿐만 아니라 풍부한 지식과 예술적 감각을 가지고 있었고 카이사르는 클레오파트라의 매력에 푹 빠졌지. 카이사르는 프톨레마이오스 13세를 죽인 뒤 클레오파트라가 다시 이집트를 다스릴 수 있도록 도왔어.

이후 클레오파트라는 자신과 카이사르 사이에서 태어난 아들인 카이사리온이 로마의 황제가 되어 이집트와 로마 제국을 모두 통치하는 야망을 품기도 했단다.

스스로 목숨을 끊다

하지만 카이사르가 로마 귀족들에게 암살당하자 이집트는 다시 위태로워졌어. 로마 제국은 이집트를 보호한다는 명목으로 이집트를 손에 넣으려 했어. 클레오파트라는 이집트의 독립을 약속

받기 위해 당시 로마의 최고 권력자였던 안토니우스를 찾아갔어. 안토니우스와 클레오파트라는 곧 사랑에 빠졌고 그동안 로마에서 카이사르의 후계자였던 옥타비아누스가 세력을 쌓아 올렸어.

안토니우스는 자신이 정복한 땅의 일부를 클레오파트라에게 주고 왕 중의 왕이라 선포했어. 게다가 자신이 죽는다면 이집트에 묻히겠다고 하는 등의 발언으로 로마인들은 안토니우스에게 강한 배신감을 느끼게 됐어. 옥타비아누스는 안토니우스를 처단하기 위해 전쟁을 선포했고 안토니우스는 악티움 해전에서 패해 자결하고 말았지.

클레오파트라 역시 옥타비아누스 군대가 이집트로 진격해 오자 모든 희망을 잃고 스스로 목숨을 끊었어. 아름다운 모습으로 꽃 속에 누워 일부러 놓아둔 독뱀에 물려 죽었다는 일화가 유명하지. 옥타비아누스 군대에 잡혀 포로로 끌려다니며 모욕을 당할 수 없었기 때문에 죽음을 선택했을 거야.

클레오파트라가 죽자 프톨레마이오스 왕조도 끝이 났고 이집트는 로마 제국이 다스리게 되었단다.

통일

통일을 완성한 왕

문무왕

진시황

문무왕

삼국 통일을 완성하다
(?~681년)

신라 말기에 이르러 귀족들의 세력이 강해져 왕권이 약화되고 왕위 계승을 둘러싼 치열한 싸움으로 신라는 혼란스러웠어. 더군다나 주변국인 고구려와 백제는 만만한 상대가 아니었지. 그렇다 보니 신라는 고구려와 백제 사이에서 살아남기 위해 당나라의 힘을 빌릴 수밖에 없었어.

나당 연합군과 함께 삼국 통일의 기반을 마련했던 태종 무열왕 김춘추는 백제를 멸망시키긴 했으나 삼국 통일을 이루지 못하고 죽음을 맞이했지. 전쟁이라는 소용돌이에 빠진 신라는 어떻게 삼국을 통일할 수 있었을까?

왕의 자질을 갖춘 태자, 법민

문무왕은 태종 무열왕 김춘추와 문명 왕후의 아들로 태어났고

이름은 법민이었어. 법민은 아버지 김춘추와 외삼촌 김유신으로부터 혹독한 무술 수련을 받으며 실력을 쌓았고 아버지와 외삼촌을 따라 일찍부터 전쟁터를 누볐지.

삼국사기에는 법민이 외모가 좋고 총명하며 지략이 많은 인물이라고 기록되어 있어. 법민의 업적을 보면 영특함을 증명하는 일들이 많단다.

법민은 진덕 여왕이 왕위에 있던 시기에 사신의 자격으로 당나라 황제를 만나 국정을 의논했어. 660년에는 나당 연합군과 함께 전쟁에 참가해 백제를 멸망시켰지. 아버지인 김춘추가 왕으로 즉위한 후에는 오늘날 국방부 장관에 해당하는 병부령에 임명되어 국방을 살폈고 다양한 경험을 통해 왕이 되기 위한 자질을 갖추어 나갔단다.

고구려를 무너뜨리며 삼국의 주인으로 서다

법민은 아버지 김춘추의 갑작스런 죽음으로 왕의 자리에 올랐어. 그러나 당시 신라 상황이 좋지 않았어. 백제는 멸망했으나 사방에서 백제를 다시 세우려는 부흥군들이 일어났기 때문이야. 더욱이 고구려는 당나라군을 무찔러 강국임을 증명하며 신라를 위협하고 있었어.

이런 상황에 즉위한 문무왕은 군사들을 이끌고 백제 부흥군의 본거지를 공격하여 백제 부흥군을 진압했어.

문무왕은 고구려와의 전쟁으로 골머리를 앓았어. 막강한 고구려군을 상대하려면 전략과 전술이 무엇보다 중요했기 때문이지.

그런데 이때 고구려의 실질적 권력자였던 연개소문의 죽음으로 권력 다툼이 일어났다는 첩보를 듣게 되었어. 문무왕은 고구려가 내분에 휩싸인 지금이 고구려를 공격할 시기라 판단하고는 당나라와 힘을 합해 고구려를 공격했어. 문무왕의 군대는 평양성으로 진격했어. 고구려를 장악하려면 수도인 평양성을 먼저 빼앗아야 했기 때문이야. 고구려군이 거칠게 대항했지만 내분으로 엉망이 된 고구려는 문무왕과 나당 연합군에게 항복하고 말았지. 고구려의 멸망으로 문무왕은 백제에 이어 고구려까지 무너뜨리며 삼국의 주인이 되었어.

삼국을 통일하다

그러나 삼국을 차지했다는 기쁨을 누릴 겨를도 없이 문무왕은 다시 전쟁을 준비해야 했어. 당나라가 신라와의 약속을 어기고 신라 땅까지 차지하려 했기 때문이야. 백제, 고구려와의 전쟁이 끝났음에도 당나라는 신라 땅에서 군사를 물리지 않았어. 당나라는 백제에 웅진 도독부, 고구려에는 안동 도호부를 두더니 신라 땅에도 계림 대도독부를 세웠어. 그러고는 문무왕을 계림 대도독부의 관리자로 임명하고 계림 도독이라 불렀지. 도독부나 도호부는 당나라가 그곳을 직접 다스리기 위해 설치한 기관으로 한반도를 당나라가 지배하겠다는 속셈이었던 거야.

문무왕은 주먹을 불끈 쥐며 전쟁을 해서라도 당나라를 한반도에서 몰아내야 한다고 외쳤어. 그러자 백제와 고구려 백성들도 당나라의 지배를 받을 수 없다며 신라군에 힘을 보탰지.

문무왕은 먼저 백제 땅에 있던 당나라군을 공격했어. 당나라 군사들은 예상치 못했던 신라의 공격에 당황했지. 신라, 고구려, 백제의 백성들로 뭉친 통일 신라군은 매소성에서 적은 수의 군사로 당나라의 20만 대군을 물리치는 데 성공했어. 그러고는 기벌포에서 당나라의 수군까지 물리치며 우리 힘으로 삼국 통일을 이뤄 내는 데 성공했지.

나라의 기틀을 마련하다

통일을 이룬 문무왕은 나라를 정비하는 데 힘을 쏟았어. 오랜 전쟁에 지친 백성들을 위해 세금을 줄이고 백성들이 농사에 전념할 수 있도록 했지. 그리고 고구려와 백제인들을 하나로 화합하기 위해 고구려와 백제의 지배층이었던 유민들에게 원래 고구려와 백제에서 누리던 지위를 부여했어. 신라인과 새로 편입된 고구려 백제 유민 간의 차별을 줄이기 위해서였지.

예전보다 넓어진 영토를 효과적으로 다스리기 위해 관부를 신설하고 담당관의 인원을 늘리는 등 지방 행정 제도도 정비했어. 군사 제도도 효율적으로 개편했어. 백제와 고구려 유민도 군사로 선발해 등용했단다.

죽어서도 나라를 지키려 했던 문무왕

문무왕은 아버지의 뜻을 이어 삼국 통일이라는 과업을 완성했어. 그렇기에 힘들게 얻은 평화가 오래 지속되기를 바랐단다. 하지만 걸핏하면 신라로 쳐들어오는 왜구가 골칫거리였어. 신라에 침범한 왜구는 식량이나 재물을 빼앗고 백성들을 끌고 가 노예로 부리기도 했지.

이에 문무왕은 자신이 죽으면 동해에 묻어 달라는 유언을 남겼어. 죽어서도 용이 되어 왜구로부터 신라를 지키겠다는 마음에서였지. 경주에 가면 문무왕의 유해를 화장해 뿌리고 장례를 치렀던 문무 대왕릉을 볼 수 있단다.

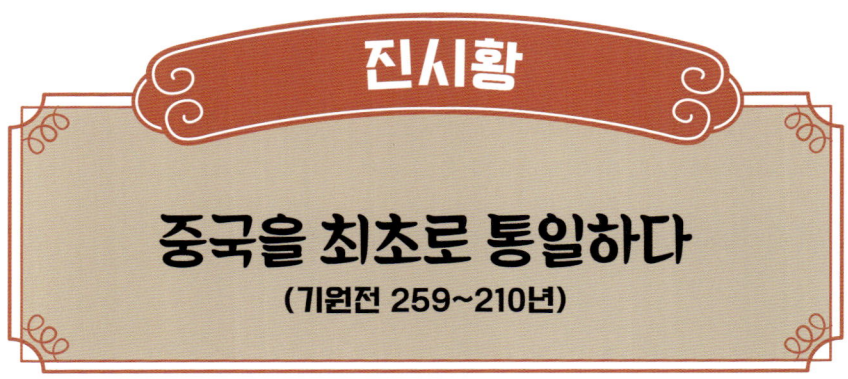

중국은 북쪽으로는 몽골, 서쪽으로는 카자흐스탄과 인도 그리고 동쪽으로는 한반도와 맞닿은 거대한 대륙이야. 유럽 연합 전체 면적보다 2배 이상 클 정도로 어마어마한 영토를 가진 나라지. 하지만 아주 오래전의 중국은 하나가 아닌 여러 나라로 나뉘어져 있었어. 만약 진시황이 없었다면 중국은 아직까지도 여러 나라로 나뉘어져 있었을지 몰라. 진시황이 어떻게 중국을 통일했는지 알아볼까?

실추된 왕권을 회복한 영정

기원전 259년 중국이 전국 7웅으로 분열되어 7개의 나라가 다툼을 벌일 때 진나라 장양왕의 아들인 영정이 태어났어. 영정은 훗날 진시황이 되는데 영은 성이고 정이 이름이지. 영정은 13살

이 되던 해 갑작스런 아버지의 죽음으로 왕위에 올랐어. 하지만 나이가 어렸던 탓에 당시 재상이었던 여불위가 어린 왕을 보필한다는 명분으로 대신 나라를 다스렸어. 권력의 맛을 본 여불위가 권력을 앞세워 국정을 어지럽히자 영정은 여불위를 제거한 후 약해진 왕권을 회복하는 데 힘을 쏟았어.

중국을 통일한 영정, 시황제가 되다

영정은 나라의 경제를 넉넉하게 하고 군대를 강하게 하는 부국강병책을 펼쳤어. 전국 7웅 중에서도 서쪽에 있던 진나라는 다른 나라들에 비해 새로운 문물과 제도를 빨리 받아들일 수 있었어. 엄격한 법치를 강조한 법가 사상을 바탕으로 법을 만들어 나라를 다스렸지.

경제력과 병력이 갖춰지자 영정은 영토를 확장시키기 위해 전쟁에 나섰어. 영정은 진나라와 인접한 한나라를 공격해 굴복시켰어. 그 후 기원전 228년에는 동방 진출을 위해 반드시 정복해야 했던 조나라를 차지했어. 그러고는 위나라까지 함락시켰지.

군대를 정비한 영정은 초나라에 이어 연나라를 차례로 무너뜨렸고 기원전 221년에는 마지막 남은 제나라 왕의 항복까지 받아 내며 정복 전쟁을 시작한 지 10여 년 만에 중국 대륙을 통일하는 위업을 달성했어.

신하들은 영정을 칭하는 호칭으로 태황을 제안했어. 그러나 영정은 태황에서 '황'만을 남기고 신을 뜻하는 호칭인 '제'를 붙여 황제란 칭호를 만들었어. 그러고는 자신이 진나라에서 처음으로 황제가 되었다는 뜻으로 시황제라 부르도록 했지. 오늘날 중국을 영어로 차이나라고 하는데 차이나(China)도 진(Chin)나라의 이름에서 비롯되었다고 해.

진시황은 강력한 왕권 중심의 통일 국가를 만들기 위해 다양한 정책을 펼쳤어.

첫 번째는 봉건제 폐지야. 봉건제는 왕은 수도만 다스리고 나머지 땅은 왕의 친척이나 신하들이 제후가 되어 다스리는 제도야. 봉건제는 시간이 흐르면서 세력을 키운 제후들이 왕의 지배에서 벗어나려 하거나 왕의 자리를 빼앗는 등 왕권을 위협했어. 이런 문제 때문에 진시황은 군현제로 나라를 다스렸어. 넓은 영토를 36개의 군으로 나눈 후 군 아래에 현을 두었어. 군과 현에는 중앙에서 관리를 파견해 강력한 왕권 중심 체제를 유지하려 했지.

두 번째는 도량형 제도의 통일이야. 도량형이란 길이, 부피, 무게 등의 단위를 재는 법을 말하는데 지역마다 도량형이 달라 비단이나 모시를 세금으로 내던 백성들을 힘들게 했어. 진시황은 도량형을 통일시켰고 표준이 되는 자와 저울 그리고 되(곡식, 가루

등을 담아 분량을 재는 데 쓰던 그릇)를 만들어 보급했지.

세 번째는 화폐의 통일이야. 통일 전에는 7개 나라가 서로 다른 화폐를 사용했기 때문에 경제가 엉망이었어. 진시황은 진나라의 화폐였던 반량전으로 화폐를 통일했고 반량전은 청나라 때까지 중국 화폐의 기본형이 되었다고 해.

네 번째는 문자를 통일했어. 같은 한자를 나라마다 다르게 발음하고 심지어 한자의 형태까지 달랐는데 혼란을 막기 위해 진나라의 문자를 표준자로 통일했지.

또 진시황은 흉노족이 침입하는 것을 막기 위해 길이가 1,500킬로미터에 이르는 만리장성을 쌓았단다.

폭압 정치를 일삼다

유학을 공부하던 유생들은 진시황이 왕권을 강화하기 위해 편성한 군현제를 비판했고 봉건제를 부활시켜야 한다고 목소리를 높였어. 그러자 승상(옛 중국의 높은 벼슬)이었던 이사가 유생들을 탓하며 진시황의 뜻과 다른 사상을 담은 책들을 모두 태워야 한다고 했어. 책을 통해 과거와 현재가 비교되니 정치를 비판할 수 있는 근거가 될 책을 모두 없애려고 했던 거지.

진시황은 유학과 관련한 책을 모두 불태우라 명령했고 책을 숨겨 두었다 들킨 유생의 몸에 먹물로 글자를 새기고 강제로 일을 시키기도 했어. 유학과 관련된 책을 읽다 들킨 유생은 사형대에 올라야 했지. 뿐만 아니라 자신을 비방했던 유생을 잡아들이라 명령해 460여 명에 달하는 유생을 구덩이에 묻으라고 했어.

역사에서는 책을 태우고 유생들을 산 채로 구덩이에 묻은 이 역사적인 사건을 분서갱유라고 해. 분서갱유는 진시황의 잔인한 품성과 폭압 정치를 보여 주는 대표적인 사례라고 할 수 있지.

영원불멸의 삶을 원하다

진시황은 막강한 권력을 영원히 누리고 싶어 했어. 그래서 늙지 않고 오래 살 수 있는 음식이나 약초를 구하기 위해 애썼지.

진시황은 수탉이 낳은 알이 불로장생의 명약이라며 대신(오늘날의 장관)이었던 감무에게 이를 가져오라고 명령했어. 황제의 명을 받은 감무는 시름에 빠진 채 한숨만 내쉴 뿐이었어. 이때 어린 손자 감라가 걱정거리가 있느냐고 물었지. 감무에게 이야기를 들은 감라는 잠시 생각하는 듯하더니 이내 걱정하지 말라며 궁에 갈 때 자신을 데려가라고 했어.

그리고 며칠 뒤 감무와 함께 궁 앞에 도착한 감라는 혼자 황제를 만나겠다고 했어. 진시황은 감라에게 혼자 온 이유를 물었어. 그러자 감라가 "할아버지가 아이를 낳고 있어서 혼자 왔습니다." 라고 했어. 진시황은 감라에게 남자가 어떻게 아이를 낳을 수 있냐며 호통쳤지.

그러자 감라가 수탉도 알을 낳는데 남자라고 아이를 낳지 못하겠냐며 할아버지가 아이를 낳을 때까지 기다려 달라고 했어. 감라의 말을 들은 진시황은 그제야 자신이 감무에게 내린 명령이 있을 수 없는 일이라는 것을 깨달았단다.

진시황은 감무에게 내린 명령을 거둬들였고 다른 방법으로 불로초를 계속 찾으려 했대.

그러다 50세의 나이로 숨을 거두고 만단다.

개혁

새로운 나라를 꿈꾼 왕

왕건

나폴레옹

고려를 건국하다
(877~943년)

    통일 신라 말, 지배 세력이었던 진골 귀족들은 서로 정권을 차지하려고 자신들의 뜻을 지지해 줄 왕을 세우기 위해 왕을 죽이는 일도 서슴지 않았어.
    지방에서는 독자적인 세력으로 기반을 쌓은 호족이 등장하며 뜻이 같은 사람들이 모여 나라를 세웠어. 그리하여 한반도는 견훤의 후백제와 궁예의 후고구려 그리고 신라로 나뉘며 다시 후삼국 시대를 맞이하게 되었단다.
    후고구려의 궁예는 스스로 살아 있는 미륵이라 칭하며 사람의 마음을 읽는다는 관심법으로 사람들의 마음을 휘어잡았지만 점차 포악한 정치를 휘두르며 폭군이 되었어. 신하와 백성들이 궁예의 폭압 정치에 등을 돌리며 새로운 왕을 필요로 할 때 떠오른 이가 왕건이었단다.

고려를 건국하다

왕건은 877년 지금의 개성인 송악에서 태어났어. 어려서부터 정이 많고 품성이 고와 주위에 사람들이 많았다고 해. 왕건은 송악군의 성주로 임명된 아버지를 따라 전쟁에서 공을 세우며 궁예의 눈에 들었어. 37세에 으뜸 벼슬이었던 시중에 오른 왕건은 궁예와 신하들 모두에게 신임을 받았어.

그러던 중 궁예가 폭정을 휘두르자 신하들은 왕건을 임금으로 추대했어. 호족 출신이었던 왕건이 왕이 될 수 있었던 것은 왕건의 됨됨이를 높이 평가했기 때문이야. 궁예의 폭정에 시달렸던 신하들은 잘못을 너그럽게 감싸 주고 백성의 아픔을 어루만질 수 있는 왕이 필요했거든. 왕이 된 왕건은 고구려를 이어 받은 나라임을 밝히고 나라 이름을 고려라 했지.

왕건의 탄생 설화

신라 말 송악에 왕륭이라는 사람이 살았는데 왕륭이 한 씨와 결혼한 지 얼마 되지 않았을 때의 일이야. 집을 짓던 왕륭이 잠시 자리를 비운 어느 날, 왕륭의 집 앞을 지나가던 승려 도선이 중얼거리듯 말했어.

"어허, 벼를 심어야 할 땅에 어찌 삼을 심었을꼬."

도선의 말을 들은 한 씨가 급히 남편을 찾았어. 왕륭은 도선의 뒤를 쫓아 어떻게 해야 할지를 물었지. 도선은 자신이 알려 주는 대로 집을 지으면 아이를 얻을 수 있는데 이때 아이의 이름을 왕건이라 지으라고 했어. 그러고는 종이에 글귀를 적었어. 이 글을 받들어 백 번 절하면 나라를 통일할 주인을 당신에게 드리노라고 적힌 글이었어.

왕륭은 도선이 시킨 대로 백 번 절하고 집을 지었어. 얼마 후 한 씨는 임신을 했고 열 달 뒤에 아기가 태어나자 이름을 왕건이라 지었지. 이 설화는 왕건이 태어날 때부터 왕이 될 운명이었다는 것을 전하는 이야기란다.

후삼국을 통일하다

왕건은 힘을 기르기 위해 지방 세력을 흡수하고 중국의 여러 나라와 외교 관계를 맺었어. 신라를 적대시했던 궁예와 달리 왕건은 신라에 우호 정책을 펼쳤어.

후백제의 견훤이 신라를 공격하자 신라는 고려에 도움을 요청했어. 왕건이 이끄는 고려군은 신라를 도와 견훤의 군대와 맞섰지만 공산 전투에서 패배하며 위기에 빠지기도 했어. 그러나 왕건이 고창에서 후백제군을 크게 이기며 전투를 승리로 이끌었지.

이후 왕건은 신라 왕실에 조문단을 보내 왕족의 죽음으로 슬픔에 빠진 신라인들을 위로했고 신라의 마지막 왕인 경순왕의 생일에는 직접 신라 왕실을 방문해 경순왕의 슬픔에 깊이 공감하며 눈물을 흘렸다는 일화도 있어. 정이 많고 신뢰를 중시한 왕건의 성품을 엿볼 수 있지. 결국 경순왕은 왕건에게 복종을 맹세하며 나라를 왕건에게 바쳤어.

한편, 후백제는 왕위 다툼이 일어나 맏아들 신검이 아버지 견훤을 금산사에 가두고 스스로 왕이 되었어. 화가 난 견훤은 금산사를 빠져나와 왕건에게 갔지. 그러고는 고려군과 함께 후백제를 공격하는 선두에 섰어. 후백제의 군사들은 제대로 싸워 보지도 못하고 무너졌지. 후백제와의 전쟁에서도 승리하며 왕건은 936년에 후삼국을 통일했단다.

이후 고려는 고구려와 백제, 신라의 문화를 통합하여 새로운 민족 문화의 기틀을 마련했어. 또한 발해를 멸망시킨 거란에게 핍박받던 발해 유민까지 따뜻하게 포용했단다. 불교를 적극적으로 장려해 백성들의 마음도 안정시켰어.

호족을 품은 왕건

왕건은 지방 호족의 딸들과 결혼해 호족 세력을 융합했어. 고려는 호족의 영향력이 큰 나라였고 가족이 되는 것만큼 확실한 연합은 없으리라 생각한 거지. 왕건은 고려의 이곳저곳을 돌며 힘 있는 호족의 딸과 결혼했어. 그래서 왕건은 부인이 29명이고 아들 25명, 딸이 9명이나 되었단다.

또한 자신이 왕이 될 수 있도록 도운 이들에게 왕 씨 성을 주었어. 이것을 사성 정책이라고 해. 쉽게 설명하면 김민지라는 신하에게 왕 씨 성을 하사해 앞으로 왕민지라는 이름으로 살게 하는 거야. 성과 함께 높은 벼슬과 재산을 나눠 주기도 했어.

지방 호족들의 아들을 수도인 개성으로 데려와 곁에 두어 호족들이 배신하지 못하도록 하기도 했어. 왕건은 이렇게 고려를 안정된 나라로 다스리려고 했단다.

나폴레옹
프랑스의 황제가 되다
(1769~1821년)

　왕실의 돈이 바닥나 허덕이던 프랑스의 왕 루이 16세는 왕실의 재정난을 해결하기 위해 프랑스 의회인 삼부회를 소집했어. 곳곳에서 벌인 전쟁으로 국가 재정이 고갈된 상태라 왕실의 생활 비용을 조달하기 위해 세금을 올려야 했기 때문이지.

　그런데 각 신분의 대표가 모인 삼부회에서 표결 문제로 갈등이 생겼어. 제1신분인 성직자와 제2신분인 귀족의 의원 수가 제3신분인 평민보다 상대적으로 많았기 때문에 평민층이 불리했던 거야. 이전까지는 당연하게 받아들였던 시민 계급이 계몽사상과 미국 혁명에 영향을 받아 자유와 평등을 주장하며 회의 결과를 받아들일 수 없다고 분노했어.

　이렇게 시작된 프랑스 시민 혁명은 걷잡을 수 없이 퍼져 나갔고 이 무렵 나폴레옹은 많은 전투에서 큰 공을 세우며 국민적 영

웅으로 떠올랐어.

군인이었던 나폴레옹은 어떻게 황제의 자리에 올랐을까?

모험심이 남달랐던 나폴레옹

나폴레옹 보나파르트는 1769년 프랑스의 외딴섬 코르시카섬에서 태어났어. 역사와 수학을 좋아했던 나폴레옹은 모험심이 남달랐다고 해. 어느 날, 나폴레옹은 동산 위에 떠 있는 무지개를 보았어. 무지개를 잡고 싶었던 나폴레옹은 말을 타고 동산 위로 올라갔지.

그러나 무지개는 동산이 아닌 더 높은 산 위에 있었지 뭐야. 나폴레옹은 말 머리를 산으로 돌려 달렸어. 무지개를 잡기 위해 산꼭대기까지 올랐으나 무지개가 바다 위에 떠 있는 것을 보곤 크게 실망했어. 무지개는 손으로 잡을 수 있는 것이 아니라는 걸 깨달았지.

뛰어난 리더십을 발휘하다

나폴레옹은 1784년 파리 육군 사관 학교에 입학하며 군인의 길로 들어섰어. 육군 사관 학교를 졸업한 뒤에는 육군 소위가 되어 전쟁에 참여했지. 당시 프랑스는 루이 16세가 처형당하고 시민 혁명이 성공하면서 여러 나라들이 연합군을 결성해 침략해 왔어. 왜 연합군이 프랑스를 침공했을까?

그건 바로 프랑스 시민들처럼 자기 나라의 시민들도 혁명을 일으킬까 두려웠기 때문이야. 프랑스 혁명이 성공하면서 프랑스의 왕과 귀족들이 비참하게 죽었기 때문이겠지.

프랑스는 나폴레옹을 사령관으로 임명해 연합군에 맞서 싸웠고 나폴레옹은 연합군과의 전투를 승리로 장식했어.

나폴레옹이 수많은 전투에서 승리할 수 있었던 것은 부하들의 능력을 속속들이 알고 있었기 때문이었어. 나폴레옹은 계급보다 병사들의 능력을 높이 사며 격려했어. 전쟁터에서는 병사들의 상태를 세심히 살폈고 두려움에 떠는 병사들의 의지를 북돋우며 스스로 앞장서 적군을 향해 나아갔지. 지휘관으로서 함부로 명령하지 않았고 병사들과 같은 음식을 먹고 같은 공간에서 어울리며 전쟁에서 얻은 것은 고루 나눠 주었어.

나폴레옹은 승리하려면 속도가 중요하다고 생각해 무거운 식량을 가지고 다니지 않고 침략한 곳에서 식량을 구했어. 그래서 적보다 먼저 빠르게 공격할 수 있었지. 나폴레옹은 침략한 곳에서 프랑스 혁명 정신인 자유와 평등을 외치며 농민들의 마음을 얻었어. 귀족들에게 시달리던 농민들은 나폴레옹을 적으로 생각하지 않고 식량을 주었다고 해.

나폴레옹은 부하들의 사기를 올릴 줄 아는 지휘관이었어. 군사

수보다 사기가 승리를 결정한다고 믿었지. 긴 전쟁으로 지친 병사들에겐 오늘보다 더 나은 내일을 만들어 주겠다고 약속했고 자신의 약속을 지키기라도 하듯 연이어 승리했지.

병사들은 나폴레옹을 믿고 따르며 열심히 싸웠어. 전쟁에서 눈부신 승리를 거둔 나폴레옹은 국민 영웅으로 떠오르며 프랑스 시민의 사랑을 얻었어. 혁명 이후 프랑스 정부는 위태로웠어. 나폴레옹은 쿠데타를 통해 정부를 무너뜨리고 권력을 장악했어. 프랑스 시민들은 "공화국 만세! 나폴레옹 만세!"를 외치며 나폴레옹을 지지했단다. 그렇게 나폴레옹은 프랑스의 황제가 되었어.

시민들 편에 서다

1804년 황제가 된 나폴레옹은 나라의 많은 것들을 바꾸어 나갔어.

가장 큰 업적은 나라의 기강을 바로 세우기 위해 나폴레옹 법전을 만들었다는 거야. 그동안 프랑스는 불평등한 지역법과 관습법에 따르고 있었어. 나폴레옹은 법을 정비해 귀족, 성직자 등이 가졌던 특권을 없애고 사유 재산을 인정하는 등 프랑스 시민 혁명의 정신이 담긴 근대적인 가치관을 토대로 나폴레옹 법전을 만들었단다. 나폴레옹 법전은 세계 많은 국가들의 민법에 토대가 되었어.

나폴레옹은 상공업을 지원해 수출을 늘려 나라의 경제를 안정적으로 이끌어 가기 위해 프랑스 은행을 세웠어. 프랑스 은행을 통해 화폐를 발행해 나라의 경제권을 통제할 수 있었지.

또한 교육 개혁을 위해 공공 교육법을 제정함으로써 프랑스의 학교 교육은 국가의 통제 아래에서 단일한 교과 과정과 교과 시간에 따라 이루어지게 되었어. 이에 따라 가문이나 혈연이 아닌 능력 위주의 인재를 키워 낼 수 있었지. 이 밖에도 세금 제도와 행정 제도 및 교통망 정비까지 여러 분야에서 개혁을 실시했단다.

영웅일까 독재자일까

나폴레옹은 1815년 영국과의 워털루 전투에서 패배하기 전까지 15여 년간 유럽을 호령하며 정치와 교육, 문화에 걸쳐 위대한 업적을 남긴 인물임에 틀림없어. 나폴레옹이 참전한 수많은 전쟁으로 프랑스의 3배에 해당하는 영토를 차지하며 강대국으로서의 입지를 다졌지. 현재까지 프랑스의 근간이 되는 교육과 금융 시스템, 그리고 법률적 토대를 만든 법전이 나폴레옹의 영웅적인 모습을 충분히 보여 주고 있어.

하지만 나폴레옹을 비판하는 사람들도 많아. 나폴레옹이 치른 전쟁으로 600만 명에 이르는 많은 사람들이 죽었어. 또한 백인 우월주의를 내세운 인종 차별 정책으로 아이티섬을 침공해 원주민들의 노동력을 착취했고 원주민들의 저항이 심해지자 군대를 보내 원주민들을 모두 죽이라는 명령을 내렸어.

점점 권력에 집착을 보이기 시작한 나폴레옹은 권력을 유지하기 위해 수단과 방법을 가리지 않았어. 언론을 통제하고 검열을 강화해 자신에게 유리한 여론을 만들려 했어. 20여 명 이상의 시민이 모이지 못하도록 하며 사상과 표현의 자유를 억압한 일은 프랑스 혁명의 기본 정신인 자유와 평등, 박애에 어긋나는 행동이었지.

이렇다 보니 나폴레옹의 사망 이후 200여 년이 지난 지금도 나폴레옹을 영웅이라고 칭하거나 정복욕에 사로잡힌 독재자라 하는 정반대의 평가가 엇갈리고 있단다.

명장

바다에서 나라를 구한 명장

이순신

호레이쇼 넬슨

이순신
임진왜란을 승리로 이끌다
(1545~1598년)

　16세기 조선은 사림파와 훈구파의 대립으로 정치적 반대파에 의해 화를 입는 사화가 일어나 정치적으로 혼란스러웠어. 네 번의 사화로 신하들은 나라를 지키는 것보다 자신의 안위를 먼저 걱정했어. 하지만 바다 건너에 있던 일본은 조선과 달랐어. 일본을 통일한 도요토미 히데요시가 야심을 품고 조선에 이어 명나라까지 차지할 계획을 세우며 전쟁을 준비했어. 조선의 활과 창검으로 상대할 수 없는 조총까지 만들면서 말이지. 전쟁 준비를 끝낸 일본은 음력 1592년 4월 13일 부산을 향해 출발했어.

어린 시절의 이순신
　이순신은 1545년 3월에 한양에서 태어났어. 이순신의 어머니가 이순신을 낳을 때 시아버지가 꿈에 나타나 "귀한 아이를 낳을

것이다. 이 아이가 자라 나라를 구할 큰 인물이 될 것이니 잘 돌보거라."라는 당부를 남겼다고 해.

이순신은 어릴 때 아이들과 어울려 놀기를 좋아했으며 전쟁놀이를 즐겼는데 아이들은 이순신을 대장으로 삼았다고 해. 마을 어른이 도리에 어긋나는 일을 하면 어른에게도 바른말을 해 어른들도 이순신을 어렵게 여겼다는 이야기도 있단다.

과거에 급제하다

이순신은 무예를 연마한 지 7년이 되던 해 처음으로 무과 시험에 도전했어. 하지만 자신의 실력을 제대로 보여 주지 못한 채 시험에 떨어지고 말았어. 말을 타고 달리며 활을 쏘는 시험을 보던 중 말에서 떨어져 왼쪽 다리가 부러졌기 때문이지. 한 발로 벌떡 일어선 이순신은 주변에 있던 버드나무 가지를 꺾어 부러진 다리에 덧대 싸매고 말에 다시 뛰어올랐지만 실수를 되돌릴 수는 없었지.

4년이 지난 후 무과에 다시 도전한 이순신은 과거를 준비한 지 10여 년 만에 합격했어.

이순신은 무과 시험 중 병서 강독에 탁월한 기량을 보였다고 해. 무과를 준비하는 이들이 무예에 집중하던 것과 달리 이순신은 병법을 익히고자 병법에 관한 책에 관심과 흥미를 보였어.

전쟁 준비에 나서다

1590년 3월, 선조는 통신사 황윤길과 김성일로부터 일본의 상황을 전해 들었어. 그런데 두 사람의 보고 내용이 너무 다른 거야. 황윤길은 일본의 기세가 예사롭지 않으니 전쟁 준비를 해야 한다고 했고 김성일은 전쟁은 일어나지 않을 것이니 걱정 말라고 했지. 당시 황윤길과 김성일은 파가 달라 으르렁거릴 때였어. 선조는 누구 말이 옳은지 알 수 없어 마땅한 조치를 취하지 못하다가 만일을 대비해 뛰어난 장수를 각 군에 보내라 명령했어.

이에 유성룡은 이순신을 적극 추천했고 이순신은 전라도 바다의 좌측을 책임지는 전라 좌수사가 되었어.

여수에 도착한 이순신은 좌수영을 둘러보며 얼굴빛이 흐려졌어. 관리가 소홀해 활과 화살은 녹슬어 쓸 수 없었어. 포구의 방어 시설도 엉망이었고 전함 곳곳이 썩고 부서져 전함의 구실을 할 수 없었지.

군사들을 좌수영 마당에 불러 모은 이순신은 군사들을 엄하게 다그치며 훈련 강도를 높였어. 그러고는 일본군이 잘 쓰는 백병전을 차단할 방법을 모색하며 거북선을 만들었어. 백병전은 상대방의 군함으로 건너가 육지에서처럼 칼과 창으로 싸우는 전략을 뜻해. 거북선은 백병전을 차단하기 위해 배 위에 뾰족한 송곳이 꽂힌 덮개를 씌웠지.

이순신이 만든 거북선은 당신 조선이 가진 화포의 취약점을 보완하기도 했어. 조선이 가진 화포는 발포한 후 재장전할 때까지 시간이 꽤 걸렸어. 만약 이때 일본군이 조선 군함으로 넘어와 백병전을 벌인다면 조선 수군은 속수무책으로 당할 수밖에 없는 상황이었거든. 거북선은 임진왜란에서 일본군을 무찌르는 데 커다란 기여를 했단다.

23전 23승을 기록하다

결국 음력 1592년 4월 13일, 일본 군함이 부산포를 공격했어. 임진왜란 당시 일본은 수륙 병진 작전을 펼쳤어. 수륙 병진 작전은 육군이 육지에서 빠른 속도로 북진하면 보급품을 담당하는 수군이 바다로 올라오면서 합세하는 전략을 말해. 전쟁에 필요한 무기와 식량을 현지에서 조달하는 것에 한계가 있으니 일본에서 실어 오는 거야.

이순신은 일본의 전략을 꿰뚫고 있었어. 옥포 해전을 시작으로 합포, 적진포 그리고 거북선이 처음 등장한 사천 해전, 당포 해전까지 일본의 보급선을 격파하며 일본의 전략을 뭉개 버렸어.

이순신은 지형과 지세를 활용한 전략을 주로 펼쳤는데 가장 대표적인 것이 한산 대첩이야. 한산 대첩은 세계 4대 해전으로 일컬을 정도로 유명하고 대단해.

음력 1592년 7월, 이순신은 일본 함선을 한산도 앞 넓은 바다로 유인했어. 그러고는 학이 날개를 편 부채꼴 모양으로 적을 포위하는 학익진 전술로 일본 함선을 향해 포탄과 불화살을 날리며 돌진해 크게 승리했지.

이후 전쟁을 끝내자는 회담이 진행되었으나 조선과 일본의 의견이 좁혀지지 않자 일본이 재차 조선을 침략했어. 이순신은 물살이 빠르고 물길이 좁은 명량의 지형을 이용해 12척의 배로 일본 함선 133척을 무찌르며 기적을 만들어 냈지. 바로 명량 대첩이야.

1598년 도요토미 히데요시가 죽자 일본은 조선에서 퇴각하려 했어. 이순신은 이때를 놓치지 않고 일본군을 섬멸하기 위해 노량 앞바다에서 전쟁을 벌였어. 이순신 장군은 도망가는 일본 함선을 격파하며 추적을 이어 가다 결국 적군이 쏜 총탄에 맞고 눈을 감으며 이렇게 말했어.

"싸움이 급하니 나의 죽음을 알리지 말라."

자신의 죽음으로 혼란스러워질 병사들을 생각하며 전쟁이 끝나기 전까지 죽음을 알리지 말라는 유언을 남긴 거야.

난중일기

난중일기는 이순신이 임진왜란 동안에 쓴 일기야. 이순신의 솔

직한 생각과 부하를 사랑하고 백성을 아끼는 마음, 전투 상황의 기록 그리고 어머니와 가족들에 대한 그리움 등이 꾸밈없이 쓰여 있단다. 또한 이순신의 바른 성품과 리더로서의 훌륭한 모습도 엿볼 수 있어. 역사적 사실과 연구 자료로서도 가치가 매우 높아 국보이자 유네스코 세계 기록 유산으로 등재되었지.

호레이쇼 넬슨

영국의 해전 영웅이 되다
(1758~1805년)

대한민국에 이순신 장군이 있다면 영국에는 호레이쇼 넬슨 제독이 있어. 두 사람은 외적의 침략으로부터 나라를 구했다는 것, 해전 중에 끝까지 싸우다 전사한 영웅이라는 점에서 비슷하지.

또 하나의 공통점은 이순신 장군은 서울의 광화문 광장에, 넬슨 제독은 영국의 트라팔가 광장에 동상으로 우뚝 서 있다는 거야. 나라를 지킨 용기와 애국심을 기려 사람들이 많이 찾는 곳에 동상을 세운 거지. 그럼 영국의 국민 영웅인 넬슨 제독의 이야기를 들어 볼래?

어린 시절의 넬슨

11명의 남매 중 6번째로 태어난 넬슨은 귀족 출신이었으나 가난했어. 아버지가 목사였지만 어머니는 매일 식구들의 끼니를 걱

정할 정도였으니까. 넬슨은 자라며 병으로 형제들을 잃었고 어머니마저 떠나보내야 했어. 가난 때문에 학교도 포기했지.

넬슨은 당시 해군 함장이었던 외삼촌을 따라 12살의 나이로 군 생활을 시작했어. 이후 정식으로 해군 사관 학교에 입학한 넬슨은 대서양을 횡단하기도 했고 북극해를 통해 인도항을 개척하는 개척단에 참가하기도 했어. 미국과의 독립 전쟁에도 참전했지. 이후 넬슨은 그간의 공을 인정받아 21살의 나이로 최연소 함장이 되었어.

순탄치 않은 군 생활

넬슨의 군 생활은 평탄하지 않았어. 급여가 깎이기도 했고 지휘권을 잃기도 했지. 하지만 넬슨은 해군 장교로서의 임무를 묵묵히 수행하며 경력을 쌓았지.

당시 연합군이었던 영국은 프랑스 시민 혁명으로 탄생한 프랑스 공화국 정부와 전쟁 중이었어. 넬슨은 1794년 나폴레옹의 고향인 코르시카섬을 점령했어. 해전 중 폭탄이 터지며 튀어 오른 돌멩이가 넬슨의 눈에 맞고 떨어져 넬슨은 오른쪽 눈의 시력을 잃었지만 값진 승리를 얻어 냈지.

세인트빈센트 곶에서 직접 전투에 뛰어들어 영웅적인 면모를 보이며 승승장구하던 넬슨은 스페인 함대의 움직임을 살피고 동시에 스페인 보물선을 점령하라는 임무를 맡았어.

넬슨은 보물선이 지나갈 위치에서 기다렸지만 아무리 기다려도 보물선이 보이지 않았어. 그러다 보물선이 스페인의 테네리페에 정박해 있다는 첩보를 받았어. 넬슨은 테네리페로 함대를 이동해 전쟁을 벌였어.

그런데 작전을 지휘하던 넬슨이 해변으로 내려오다 오른쪽 어깨에 총을 맞고 말았어. 넬슨의 상처를 살핀 의사가 오른팔을 절단해야 한다고 했지. 넬슨은 크게 좌절했어. 당시 일기에 '나는 이제 끝났다.'라고 쓸 정도로 상심이 컸지.

하지만 넬슨은 상처를 회복한 후 자신이 있을 곳은 전쟁터라며 다시 군대로 복귀했어. 넬슨은 바다로 나갈 기회를 잡기 위해 무던히 노력했어. 이때 프랑스의 나폴레옹이 지중해로 함대를 모으고 있다는 첩보를 받았어. 넬슨은 프랑스 함대를 감시할 목적으로 지중해로 향했지. 다양한 경로로 파악한 나폴레옹의 계획은 이집트를 정복해 영국의 무역로를 차단하겠다는 것이었어. 당시 인도는 영국의 식민지였는데 이집트가 영국과 인도를 잇는 길에 위치했거든.

하지만 공격 직전 태풍으로 프랑스 함대를 놓치고 말았어. 넬슨은 지중해를 샅샅이 뒤진 끝에 프랑스 함대가 나일강 유역에 정박해 있다는 것을 알았지. 기습 작전을 펼친 넬슨은 나일강에서 프랑스 해군과 맞붙었고 격렬한 전투 끝에 17척의 프랑스 함대를 무너뜨렸어. 위기를 느낀 나폴레옹은 당초의 계획을 포기하고 도망치듯 프랑스로 돌아갔지.

마지막 전투

넬슨이 죽기 직전에 벌인 전투가 유명한 트라팔가르 해전이야. 트라팔가르 해전은 넬슨이 이끄는 영국 해군이 프랑스, 스페인의 연합 함대를 상대로 벌인 전투지. 1800년대 대부분의 유럽을 차지한 프랑스는 영국마저 장악하려고 했어. 하지만 영국은 해상을 봉쇄하며 침략을 막았어.

프랑스의 나폴레옹은 영국을 정복하기 위해 스페인의 함대와 연합해 트라팔가르 해협으로 몰려왔어. 넬슨도 프랑스 함대를 막기 위해 해전에 참가했지. 영국과 프랑스에서 가장 강한 장군이 맞붙은 전쟁답게 치열하게 싸웠고 결국 영국이 대승을 거두었으나 넬슨은 총에 맞고 말았어. 총에 맞은 넬슨은 자신의 치료 대신 다른 부상자들을 치료하라고 명령했고 승리했다는 소식을 듣자 눈을 감았다고 해.

넬슨의 사망 이후 병사들은 넬슨의 유해를 보존하기로 했어. 당시 해군이 죽으면 바다에 수장하는 것이 관례였지만 전쟁 영웅이었던 넬슨을 바다에 두고 갈 수 없었기 때문이야. 병사들은 넬슨의 유해가 부패하지 않도록 독한 럼주가 가득 담긴 술통에 넣어 영국으로 돌아왔어. 이 사건을 계기로 영국 해군에는 럼주를 마시는 전통이 생겼는데 이 술을 '넬슨의 피'라고 부른다고 해.

영국 왕실은 국장(나라에서 대대적으로 치르는 장례)으로 넬슨의 장례를 치렀는데 왕족이 아닌 사람이 국장의 예우를 받은 것은 이례적인 일이란다.

용감한 리더

영국은 트라팔가르 해전에서 승리했으나 위대한 영웅을 잃었어. 넬슨의 사망 소식을 들은 영국 국왕은 '대승을 거뒀으나 얻은 것보다 잃은 게 훨씬 크다'라는 말로 넬슨의 죽음을 슬퍼했지.

넬슨은 위대한 해군이자 위기를 이용할 줄 아는 용감한 리더로 기록되고 있어. 특히 트라팔가르 해전 이후 영국은 해상 강국으로서 약 100여 년간 '해가 지지 않는 제국'을 건설하게 되었단다.

평등

평등을 외친 운동가

전봉준

넬슨 만델라

전봉준

백성이 주인인 나라를 꿈꾸다
(1855~1895년)

"새야 새야 파랑새야, 녹두밭에 앉지 마라. 녹두꽃이 떨어지면 청포 장수 울고 간다."

이 노래는 전봉준을 향한 노래로 녹두는 동학 농민 운동을 이끌었던 전봉준을 가리키는 단어야. 청포 장수는 농민을 가리키는 말인데 이 노래에는 전봉준이 일본군에게 잡히지 않길 바라는 농민의 간절한 마음이 담겨 있단다. 자, 그럼 조선 후기 동학 농민 혁명의 지도자였던 전봉준을 만나러 가 볼까?

어린 시절의 전봉준

전봉준은 1855년 전라북도 고창군에서 태어났어. 실제 이름은 영준인데 봉준으로 불렸고 또래보다 키가 작아 녹두라고도 불렸지. 녹두는 알맹이가 작은 곡식이란다. 집이 가난해 죽으로 끼니

를 때우곤 했지만 용감하고 힘이 세 놀이를 할 때마다 대장을 맡았어.

전봉준이 서당에서 동몽선습을 배울 때, 훈장님에게 나라에서 가장 소중하고 귀한 일이 무엇이냐고 물었어. 훈장님은 농사라고 답했지. 그러자 전봉준은 '농사라면 농사를 짓는 백성이 가장 중요하네요.'라고 하면서 그런데 왜 농민이 푸대접을 받으며 가난하게 살아야 하는지 물었어. 어린 전봉준의 눈에 힘겹게 살아가는 농민들의 고통스런 삶이 보였던 거야.

평등을 외치다

동학은 1860년 최제우가 창시한 것으로 인내천을 중시한 종교야. 인내천은 사람이 곧 하늘이란 뜻으로 모든 사람은 하늘처럼 받들어야 하는 귀중한 존재라는 의미지.

조선 조정은 모든 사람이 평등하다고 외치는 동학이 세상을 어지럽히고 백성을 속인다는 이유를 들어 탄압했고 동학을 믿는 이들을 잡아들였어. 신분제 사회였던 조선에서 신분제를 부정하는 동학은 조선 사회의 근본을 무너뜨릴 수 있는 위험한 사상이었기 때문이야.

더욱이 나라를 움직이는 관리들은 모두 양반이었기에 동학이 좋게 보일 리 없었지. 반대로 농민들 사이에서 동학은 빠르게 전파됐어. 동학을 믿는 사람들이 늘자 각지에 동학도와 농민들이 모일 수 있는 장소인 접소를 두었고 접소를 관리하고 통솔하는 접주를 뽑았지. 전봉준은 1890년 초에 동학에 들면서 전라북도 고부 지역(정읍)의 접주가 되었어.

고부 군수로 부임한 조병갑이 농민들에게 여러 가지 명목의 세금으로 쌀 한 톨까지 빼앗자 전봉준과 농민들은 조병갑을 만나 농민들의 고충을 전하며 세금을 낮추어 달라고 요구했어. 그러나 조병갑은 들은 척도 않으며 이들을 쫓아냈지. 쫓겨난 전봉준과 농민들은 천여 명의 농민들을 이끌고 1894년 1월 10일 관아를 습격했어. 관아의 쌀을 농민들에게 나눠 주었고 억울하게 옥에 갇힌 사람들도 풀어 줬지.

고부의 소식을 전해 들은 조정에서는 조병갑을 처벌하고 새로운 군수를 보냈어. 새로 부임한 군수는 농민들의 마음을 달래려 애썼어. 하지만 고부에서 일어난 일을 조사하고 수습하던 관리는 고부 관아를 습격했던 전봉준과 농민들을 역적이라 칭하며 동학도들을 잡아 가두거나 죽였어. 이에 전봉준은 농민군을 조직하기로 하고 고부 주변 마을에도 소식을 전해 사람들을 모았어.

전봉준은 여러 곳에서 모인 농민군들을 향해 외쳤어.

"백성은 나라의 근본이다. 근본이 허약하면 나라가 쇠약해진다. 조정의 관리들은 나라를 지키고 백성을 편안케 할 대책을 생각하지 아니하고 녹봉만 받아먹고 있다."

동학 농민군의 봉기(떼 지어 세차게 일어남) 소식을 들은 조정에서는 관군을 보내 동학 농민군을 제압하려고 했어. 관군과 농민군은 황토현에서 전투를 시작했고 동학 농민군이 승리했어. 농민군은 기세를 몰아 전라남도 장성에서도 승리했지. 동학 농민군은 연승을 거두며 전라도 지역의 중심인 전주성까지 점령했단다.

별이 지다

동학 농민군이 전주성을 점령하자 조정에서는 청나라에 군대를 요청했어. 그러자 일본도 군대를 이끌고 조선으로 들어왔어. 청나라와 일본은 조선에 군대를 동시 파병하고 철수한다는 내용의 톈진 조약을 맺었거든. 동학 농민군은 조선이 청과 일본의 전쟁터가 될 위기에 처하자 정부와 전주 화약을 맺고 해산했어.

하지만 동학 농민군이 해산 조건으로 걸었던 개혁안은 제대로 지켜지지 않았어. 더군다나 동학 농민군이 해산하면 돌아가겠다던 일본군이 무력을 동원해 경복궁을 점령하고는 청일 전쟁을 일으켰어. 이에 10만여 명의 동학 농민군이 일본군을 몰아내려고 한양으로 향했으나 관군과 일본군의 합동 작전에 크게 패하고 말았단다.

전봉준은 일본군에 잡혀 사형 선고를 받고 죽음을 맞이했어.

감나무는 보았다

전라북도 정읍에 있는 동학 농민 혁명 기념관에 들어서면 키 큰 고목나무가 전시되어 있어. 이 나무는 정읍시 말목장터에 있던 감나무였는데 기념관을 만들면서 옮겨 왔다고 해.

1894년 1월 10일, 전봉준은 고부 관아를 습격하기 위해 농민들을 말목장터에 있던 감나무 아래로 불러 모았어.

이후 말목장터의 감나무 아래는 농민 운동의 본부가 되기도 하고 농민들의 회합 장소가 되기도 했어. 그 모든 역사 현장을 지켜본 것이 말목장터의 감나무란다. 그래서 말목장터와 감나무는 기념물로 지정되었지.

전봉준과 동학 농민군은 평등한 세상을 만들기 위해, 나라를 지키기 위해 싸웠어. 어떠한 차별도 없이 사람들 누구나 귀하게 대접받는 세상을 꿈꾸었지. 백성들 스스로 불평등에 분노하며 일어난 자주적인 운동이었단다. 비록 실패했지만 동학 농민 운동의 자주 정신은 항일 의병 운동과 독립 운동으로 계승되었어.

넬슨 만델라
인종 차별에 대항하다
(1918~2013년)

　남아프리카 공화국은 1815년 영국의 식민지가 되었어. 영국에서 이주해 온 백인들은 자신의 이익을 위해 인종 차별 정책을 펼쳤지. 남아프리카 공화국의 84%에 해당하는 흑인들은 자유롭게 살지 못했고 16%밖에 되지 않던 백인들이 흑인을 지배하며 나라를 다스렸어.

　흑인들은 부당한 대우를 받으며 힘겨운 삶을 살아야 했고 점차 인종 차별에 부당함을 느끼며 시위를 벌이기 시작했단다. 그리고 그 중심에는 넬슨 만델라가 있었어. 인종 차별에 대항한 민족 지도자, 넬슨 만델라를 만나 보자.

어린 시절의 만델라
　만델라는 학교에 들어가기 전까지 말썽꾸러기라는 뜻의 '롤리

랄라 만델라'라는 이름으로 불렸어. 5살 때는 양을 몰고 초원을 돌며 열매를 따거나 새총으로 새를 잡는 등 또래 친구들과 놀기를 좋아하던 아이였지. 엄마 아빠에게 영웅 이야기나 전설을 듣기도 했지.

학교에 들어간 만델라에게 영국인 선생님은 롤리랄라가 아닌 '넬슨'이라는 영국식 이름을 지어 주었어. 당시 남아프리카 공화국에서는 새로 입학하는 학생에게 영국식 이름을 지어 주었거든.

만델라는 아버지가 죽자 자신을 대신 돌봐 주던 후견인으로부터 아프리카의 역사를 듣게 되면서 자신의 길을 찾았다고 해.

'흑인을 위해 일하는 사람이 되자.'는 것이 만델라의 꿈이 된 거야. 만델라는 변호사가 되어 흑인 인권 운동에 참여하게 된단다.

인종 분리 정책에 반대하다

남아프리카 공화국 정부는 1948년 백인의 지배를 확실하게 하기 위해 인종 차별 정책인 아파르트헤이트를 공식화했어. 아파르트헤이트는 분리, 격리를 뜻하는 것으로 남아프리카 공화국에서 실시된 인종 분리 정책이야.

이 정책으로 흑인들은 공공장소와 대중교통, 학교, 거주지 등 대부분의 지역을 백인과 분리해서 이용해야 했고 흑인과 백인의 결혼 금지는 물론이고 백인들이 이용하는 병원에도 갈 수 없었어. 심지어 공중화장실도 각기 다른 출입구를 사용해야 했지.

정부는 만 16세 이상의 흑인이 지정된 흑인 구역을 벗어날 경우, 돔파스라 불리는 신분증을 의무적으로 가지고 다녀야 한다는 법을 만들었어. 신분증에는 신상 정보와 지문, 직장, 백인 구역 통행 허가증 등이 들어 있었어. 신분증이 없는 흑인은 자신의 거주지 외에 다른 지역을 방문할 수 없었어. 그리고 경찰의 신분증 제시에 불응하면 바로 체포할 수 있었지.

흑인들은 반발하며 인종 분리 정책에 항의하는 시위를 벌였어. 1976년에는 학생들이 등교를 거부하는 시위가 일어났고 시위 진압에 나선 정부가 무분별하게 폭력을 써 150여 명이 사망했지. 대부분 어린 학생들이었음에도 탄압의 강도가 높았고 흑인들의 반발심과 저항은 더 심해졌어. 시위마다 참여했던 넬슨 만델라는 정부의 폭력적 진압을 눈으로 확인한 후 무장 투쟁을 선언했고 전국적으로 투쟁을 벌이던 중에 반역죄로 체포됐어.

인종 차별 정책에 대항하다

교도소에 갇힌 만델라는 남아프리카 정부의 인종 차별과 그 부당함에 대해 글로 써서 전 세계에 알렸어. 시위와 투쟁이 계속되자 정부는 군대와 경찰을 동원해 시위를 진압했고 흑인들의 희생은 더욱 커질 수밖에 없었지.

만델라는 재판에서 평생을 감옥에 갇혀 살아야 하는 종신형을 선고 받았어. 오랜 수감 생활로 인해 만델라는 자식들을 제대로 보지 못했고 어머니와 큰아들이 사망했을 때도 장례식에 참석할 수 없었어. 아주 힘든 시기였을 텐데도 불구하고 만델라는 교도소 안에서도 투쟁에 대한 의지를 멈추지 않았어.

그 당시 대통령이었던 보타 대통령이 폭동을 선동하지 않겠다고 약속하면 석방을 허락하겠다고 제안했지만 만델라는 아파르트헤이트 철폐가 우선이라며 거부했지. 남아프리카 공화국을 비롯해 세계 각국에서 만델라를 석방하라는 주장이 계속되었단다. 남아프리카 공화국의 인종 차별 정책을 비난하며 교역을 끊으려는 나라도 있었지.

흑백의 갈등을 아우르다

결국 만델라는 27년간의 수감 생활을 마치고 1990년 석방됐어. 이후 만델라는 전 세계에 아프리카의 입장을 밝혔고 아프리카 민족 회의 의장으로 취임해 백인 정부와 끊임없이 협상했어. 그리고 아파르트헤이트를 비롯한 차별법들이 폐지되었지.

1993년 흑인들에게도 투표권을 부여하는 법안을 통과시키며 노벨 평화상을 수상하는 영광까지 안게 되었지. 1994년 남아프리카 공화국 최초로 흑인과 백인이 모두 참여한 민주적인 선거가 실시되었고 만델라는 대통령으로 당선됐어.

만델라가 남아프리카 공화국 대통령에 당선되자 흑인 단체들이 백인 문화를 상징하는 국가 대표 럭비 팀의 해체를 요구했어. 남아프리카 공화국의 럭비 팀이었던 '스프링복스'에는 흑인 1명을 제외하고 모두 백인이었지. 그래서 남아프리카 공화국의 흑인들은 대표팀이 아닌 상대 팀을 응원하곤 했어.

1995년 만델라는 반대를 무릅쓰고 럭비 월드컵을 유치하기 위해 노력했고 그 결과 남아프리카 공화국이 개최국으로 선정됐어. 만델라는 대표 팀을 수시로 찾아가 선수들을 격려했고 대회 직전에는 대표 팀이 흑인 어린이들에게 럭비를 가르쳐 주는 행사도 마련했지.

대회가 시작되자 선수들과 함께 만델라가 경기장에 나타났어. 그리고 최약체였던 남아프리카 럭비 대표 팀이 결승전에 진출했지. 결승전을 앞둔 대표 팀은 흑인의 저항 노래였던 '응코시 시키렐레'를 불렀어.

이후 흑인들은 진심으로 대표 팀을 응원했고 그 결과 기적처럼 승리를 거두었어. 흑인과 백인들은 서로 얼싸안고 만델라를 외치며 기쁨을 함께 나눴어. 인종과 국경을 초월하는 스포츠를 통해 흑인과 백인이 하나가 되는 역사적인 순간이었지.

만델라는 뿌리 깊은 차별을 없애기 위해서는 폭력이 아닌 대화와 용서가 필요하다고 믿었어. 은퇴한 뒤에도 진정한 평화와 화합의 미래를 만들기 위해 노력하다가 2013년 95세의 나이로 눈을 감았단다.

인권

여성의 인권을 위해 싸운 신여성

나혜석

올랭프 드 구즈

나혜석
여자보다 사람을 외치다
(1896~1948년)

우리나라의 1900년대 여성은 결혼하기 전에는 아버지를 따라야 하고 결혼해서는 남편을 따라야 하며 남편이 죽으면 아들을 따라야 한다고 배우며 자랐어. 여성은 자신의 삶보다 가정이 중심이었고 자신보다 가족을 위해 헌신하는 삶을 살았어. 여성들은 자유로이 외출할 수도 없었고 교육을 받을 수 없었으며 사회적으로 일을 갖기도 어려웠어. 억울한 일을 당해도 자신의 잘못인 양 고개를 숙여야 했고 목소리라도 높일라 치면 '여자가' 또는 '극성스럽다'는 말을 들어야 했지.

그런데 이때 조신한 인형이 되기를 거부하며 자신에게 금지된 것에 반기를 든 여성이 있었어. 여자보다 사람이라고 외친 나혜석이 그 주인공이란다.

시대를 앞서간 여인이었던 나혜석의 삶을 살펴보자.

어린 시절의 나혜석

나혜석은 1896년 4월 8일 수원의 신풍리에서 태어났어. 할아버지가 호조 참판을 지냈던 터라 나혜석을 호조 참판댁 손녀라 불렀지.

5남매 중 넷째이자 둘째 딸로 태어난 나혜석은 일본에서 공부했던 오빠들로부터 새로운 세상에 대한 이야기를 들으며 자랐어. 나혜석은 여자도 공부해야 한다는 아버지의 뜻에 따라 학교에 다닐 수 있었어.

나혜석은 그림 그리는 것을 좋아해 연필로 그릴 수 있는 것들은 모두 그렸다고 해. 선생님의 칭찬을 받은 후로는 화가가 되고 싶은 마음이 커졌다고 하지.

화가를 꿈꾸다

학교를 졸업한 나혜석은 시집을 가야 한다는 부모님의 잔소리가 싫었어. 자신도 오빠들처럼 하고 싶은 일을 마음껏 즐기고 싶었기 때문이야. 나혜석의 재능을 알아본 둘째 오빠의 지지로 나혜석은 어렵게 일본으로 가는 배에 오를 수 있었어.

나혜석은 동경 여자 미술 학교의 서양화과에 입학해 그림 공부에 몰두했어. 일본 유학생이 늘어나긴 했지만 몇 안 되는 여자 유학생이었기에 나혜석의 선택은 도전과 같았지. 나혜석이 서양화에 몰두하며 즐거움을 찾을수록 아버지는 나혜석을 호되게 꾸짖었어. 결국 아버지가 학비와 생활비를 중단해 1년 9개월 만에 수원으로 돌아와야 했지.

나혜석은 결혼을 외치는 아버지를 피해 여주에 있는 학교에 교사로 취직했어. 그리고 일한 돈을 모아 동경 여자 미술 학교로 돌아가 미술 공부를 이어 갔단다.

성평등을 외치다

나혜석은 억압된 조선 여성들을 대변해 새로운 여성상을 만들려고 했어. 여자에게만 정조를 강요하는 가부장적 사회를 비난했고 글과 그림으로 여자도 남자와 같은 사람이라는 것을 끊임없이 주장했어.

「섣달대목, 초하룻날」이란 연작 삽화에서는 여성들만 일을 하는 고통스러운 섣달의 풍경을 담았어. 『신여자』에 발표한 목판화 「김일엽의 하루」에는 여성의 힘겨운 삶에 대한 연민을 표현하기도 했단다.

또 나혜석은 프랑스를 여행하며 남긴 여행기 「구미유기」에서 영국 참정권 운동에 참여한 영국 여성 운동가의 모습을 소개하기도 했어.

1920년 나혜석은 일본에서 함께 공부했던 김우영과 결혼했어.

나혜석은 남편이 될 김우영에게 네 가지 결혼 조건을 내세웠는데 첫 번째는 지금처럼 평생 자신만 사랑하기, 두 번째는 그림 그리는 것을 방해하지 않기, 세 번째는 시어머니와 함께 살지 않기 그리고 마지막 네 번째는 나혜석이 유학 시절 만났던 연인인 최승구의 묘지에 비석을 세워 달라는 것이었어. 나혜석이 제시한 결혼 조건은 당시 사회에서는 상상조차 할 수 없었던 일이지.

나혜석은 1921년 조선에서 여성 화가로서는 최초로 유화 개인전을 가졌어. 당시의 조선은 서양 미술이 생소했고 유화를 전공한 사람도 드물었어. 여성의 사회 진출도 많지 않았지. 나혜석은 개인전을 성공적으로 끝냈고 언론사와 잡지사에 여성과 봉건적 인습을 비판하는 기사를 쓰는 등 활발히 활동했단다.

논란의 중심에 서다

나혜석은 남편과 함께 세계 여행을 하다 다른 남자와 사랑에 빠지고 말았어. 결국 이혼을 선택한 나혜석에게 사람들은 조롱과 손가락질을 해 댔어. 이혼녀라는 꼬리표를 단 나혜석은 자신의 이혼 이야기를 바탕으로 『이혼 고백서』를 출간하면서 또 한 번 사회에 엄청난 충격을 가져왔어. 남성 중심적이고 보수적인 조선 시대에서 나혜석의 행보는 당연히 조롱거리가 될 수밖에 없었어.

나혜석은 여자 미술 학교를 세워 자신과 같은 화가가 탄생하길 바랐어. 하지만 사람들은 나혜석의 생각과 노력을 좋게 보지 않았어. 사람들은 나혜석의 작품에 쓴소리를 퍼부었고 나혜석의 노력은 번번이 무시되었지.

여성들조차 나혜석을 비난했어. 나혜석은 자신을 인간이 아닌 여자로 보는 시선이 불편했어. 사람들은 나혜석의 모든 말과 행동을 여성이라는 울타리에 가둬 놓고 생각했고 여자가 해서는 안 되는 일을 했다며 외면했지.

나혜석은 그 당시 여성으로서 자유롭길 꿈꿨고, 여성 권리에 대한 진보적인 사상을 주장하던 여성이야. 여자도 사람이기에 여자보다는 사람으로 인정해 달라는 나혜석의 용기와 의지는 오늘날 박수받아 마땅한 일이지.

올랭프 드 구주

여성의 권리를 선언하다
(1748~1793년)

　전 세계적으로 여성이 정치에 참여할 수 있게 된 지는 얼마 되지 않았어. 프랑스에서 선거를 시작한 것은 프랑스 시민 혁명 이후인데 천 년을 이어 왔던 프랑스의 절대 왕정이 막을 내리고 신분제마저 폐지되면서 평민 즉 시민이 중심이 되는 새로운 세상이 열렸어.

　시민들은 자유, 평등, 박애를 외치며 선거를 통해 직접 대표자를 뽑기로 했어. 국가의 주인은 국민이라며 새로운 세상을 그려 갈 시민의 권리를 선언했지. 하지만 인간은 자유롭고 평등하다고 한 선언과 달리 여성은 권리를 보장받지 못했어. 이때 여성의 권리를 위해 목소리를 높인 사람이 올랭프 드 구주였단다. 올랭프 드 구주와 같은 여성들의 노력으로 프랑스에서 여성은 최초로 선거권을 얻게 되었지.

어린 시절의 올랭프 드 구주

올랭프 드 구주는 1748년 프랑스 남부 몽토방에서 태어났어. 구주는 17살에 결혼했지만 남편이 일찍 죽어 문학에 뜻을 품고 아들과 파리로 올라와 살았어. 그러고는 소외된 약자와 하층 계급에 대한 차별을 고발하거나 사회를 비판하는 글, 흑인 노예제를 반대하는 글, 여성의 이혼을 옹호하는 글을 통해 이름을 알렸어.

노예제를 고발하다

프랑스의 루이 14세는 식민지의 흑인을 노예로 삼는 것을 정당화하기 위해 흑인법을 제정했고 그 뒤로도 유지되었어. 구주는 귀족들이 식민지로부터 막대한 이익을 얻으면서 흑인을 노예로 삼는 것을 비판하며 흑인 인권과 노예제 폐지에 대한 글을 발표했지.

구주는 흑인 노예제에 반대하는 작품을 써 사람들에게 많은 비난을 받았어. 하지만 굴하지 않고 「자모르와 미르자」 등 흑인 노예제의 부당함을 알리는 희곡을 써 냈지.

구주는 사람들이 흑인을 야만인으로 취급하는데 이것은 강제로 주입된 편견이라고 항변했어. 백인과 흑인이 다른 것은 오직 피부색뿐이라고 외치며 흑인을 노예로 삼는 것은 백인들의 필요에 의한 것이라고 주장했단다.

여성의 권리를 외치다

구주는 프랑스 시민 혁명을 기뻐하며 옹호했지만 자유와 평등이 남성에게만 돌아가자 1791년 「여성과 여성 시민의 권리 선언」을 집필해 발표했어. 그러자 남성 혁명가들은 '공화국의 어머니는 가정으로 돌아가라'며 비꼬았지.

반혁명죄로 단두대에 선 구주는 '여성이 남성과 똑같이 단두대에 설 권리가 있다면 의회 연단 위에 오를 권리도 당연히 있다'라고 외쳤어.

여성 참정권을 이끌어 내다

구주는 모두 17개 조항으로 되어 있는 「여성과 여성 시민의 권리 선언」에서 여성은 남성과 똑같이 자유롭고 평등한 권리를 지니고 태어나며 여성이 사회의 일원으로서 차별받아서는 안 된다는 것을 강조했어.

구주는 비판과 조롱 속에서도 꾸준히 여성의 평등과 권리를 주장하는 글을 발표했어. 남편과 아내의 부를 평등하게 나눠라, 여성도 이혼을 선택할 수 있다, 어머니의 성도 자녀에게 물려줄 권리가 있다며 시대에 앞선 주장을 펼치기도 했지.

어떤 상황에서도 흔들림 없이 자신의 소신을 이어 가던 구주는 1793년 체포됐어. 프랑스 정부는 구주에게 '여성으로서의 미덕을 망각한 죄'를 선고했고 결국 단두대에 올라 처형당했지.

　하지만 점차 많은 여성들이 구주의 뜻에 따르며 여성 참정권 운동을 확대했어. 그리고 150여 년이 지난 1946년 프랑스 정부가 드디어 여성 참정권을 보장했고 뒤이어 세계 곳곳에서도 여성에게 참정권을 부여하기 시작했어.

　구주는 흑인 노예 제도에 맞섰고 여성 인권과 자유를 주장했어. 여성의 이혼과 동거에 대한 권리, 미혼모와 사생아의 권리도 주장했지. 구주가 외친 여성의 권리는 평등의 의미를 바로잡는 진정한 혁명이었어.

　구주의 외침과 죽음은 불평등한 사회 속에서 억압받던 여성이 스스로 해방을 원한 최초의 움직임이었어. 구주가 쏘아 올린 작은 공이 전 세계로 퍼지며 세계 여성들이 자유로운 삶을 누릴 수 있게 됐고 연단에서 자신의 목소리를 낼 수 있게 되었단다.

리더십

독립 운동을 이끈 지도자

김구

마하트마 간디

김구
독립과 통일을 염원하다
(1876~1949년)

1910년 일본의 식민지가 된 우리나라는 1919년 3월 1일 독립을 외치며 대대적인 만세 운동을 벌였고 수많은 사람들이 일본의 총칼에 죽음을 맞이했어. 3.1 운동 이후 일본의 탄압이 심해지자 더는 국내에서 독립운동을 하기 어려웠어.

독립운동가들은 상해에 임시 정부를 수립하여 독립운동을 이어 가려 했어. 김구 역시 독립운동을 위해 임시 정부가 있던 상해로 향했단다. 우리나라의 독립운동사에 큰 획을 그은 김구는 어떤 삶을 살았을까?

어린 시절의 김구

김구는 1876년 황해도 해주 백운방 텃골 마을에서 태어났어. 어릴 때는 김창암으로 불렸는데 동네에서 알아주는 개구쟁이였

지. 아버지의 놋숟가락을 엿과 바꿔 먹기도 했고 염색 물감을 냇가에 풀어 냇가에서 빨래하는 아낙들이 낭패를 본 적도 있었대.

양반이 아닌 아버지가 갓을 쓰고 외출했다가 갓을 강제로 찢겨 돌아온 모습에 충격을 받은 창암은 양반이 되어 갓을 쓰겠다는 다짐으로 과거 시험을 준비했어. 당시 조선에서는 양반만 갓을 쓸 수 있었거든. 하지만 시험장에 도착한 창암은 시험을 대신 봐 주거나 답지를 보여 주는 대가로 돈을 주고받는 것을 보고 실망했지.

중요한 건 마음

과거 시험을 포기한 창암은 관상학을 공부하기로 했어. 하지만 자신의 얼굴을 3개월 동안 살펴보고는 어느 한 곳도 귀하고 부유한 상이 없어 관상학도 포기했지.

관상학을 공부하던 창암은 "상 좋은 것이 몸 좋은 것만 못하고 몸 좋은 것이 마음 좋은 것만 못하다."라는 말에 위안을 얻었다고 해. 그리고 이제부터라도 마음 좋은 사람이 되기 위해 수양하며 언젠가 나라를 위해 큰일을 하겠다고 다짐했지.

창암은 병서를 읽거나 아이들을 가르치며 수양을 하던 중 동학에 대해 알게 되었어. 모든 사람은 귀하다는 동학 사상에 빠진 창암은 동학에 들어가 활동하며 이름을 창수로 바꿨어. 그리고 백성과 나라를 위한 삶을 살기로 결심했지.

김구의 곧은 성격

의병단에 가입해 청나라로 갔다가 돌아온 창수는 황해도 치하포 나루터 주막에 머물게 됐어. 창수는 조선의 왕비가 일본인들에게 죽임을 당한 명성 황후 시해 사건으로 마음속에 분노가 가득했어. 그런데 이때 조선 사람으로 위장한 일본인을 보게 됐어. 창수는 황후를 살해한 일본 낭인 중 한 명일 수도 있을 거란 생각에 칼을 뽑아 베어 버렸지.

그러고는 종이에 일본인을 살해한 것은 황후를 죽인 것에 대한 복수이며 이 일은 자신이 벌인 일이므로 황해도 해주골로 찾아오라는 쪽지를 남기고 떠났어. 창수가 쪽지를 남긴 것은 자신으로 인해 다른 사람들이 곤욕을 치를 것을 염려해서였지.

임시 정부를 이끌다

1907년, 창수는 신민회에 가입하여 독립운동을 하던 중 일본 경찰에 잡혀 혹독한 고문을 받았어. 수감 생활을 마치고는 이름을 김구로, 호는 평범한 사람이란 뜻의 백범으로 바꾼 후 중국으로 건너갔어. 3.1 운동 이후 일본의 탄압이 심해져 국내에서 독립운동을 펼치기 어려웠기 때문이야.

김구는 임시 정부를 찾아가 문지기가 되어 임시 정부를 지키겠다 했지. 하지만 임시 정부 요원들은 김구가 경무국장을 맡아 독립운동을 이끌어 주길 바랐어. 경무국장은 주로 일본의 계략과 동태를 살피는 일을 했어. 독립운동가의 뒤를 캐는 밀정을 처형하거나 한인 애국단을 조직해 무장 투쟁도 이어 갔지.

한인 애국단의 단장이었던 김구는 이봉창과 윤봉길에게 도쿄와 홍커우 공원 의거를 맡기며 중국의 협조를 이끌어 내기도 했어. 하지만 의거의 배후가 김구임이 알려지자 일본은 눈엣가시와도 같은 김구를 잡기 위해 혈안이 되었지. 김구는 무려 8년이라는 긴 시간을 도망 다니며 독립운동을 이어 갔어.

일본은 김구에게 60만 원이라는 현상금을 걸었는데 이 돈을 현재 가치로 환산하면 약 200억 정도의 금액이야. 현상금을 높여서라도 김구를 잡으려고 혈안이었다는 것을 알 수 있지.

평생 독립운동이 우선이라 생각했던 김구는 가족보다 동지를 먼저 챙겼다고 해. 큰아들이 폐병에 걸려 약이 필요한 상황에서도 동지들도 폐병으로 고생하고 있는데 어찌 아들만 살리겠냐고 말했다는 일화가 있어.

둘째 아들이었던 김신은 13살에 처음으로 아버지를 보았고 아버지인지 알아보지 못했다고 증언하기도 했지. 김구는 일본의 감시를 피해 다녀야 했기 때문에 아들과 살갑게 대화를 할 수도, 같이 밥을 먹기도 어려웠어. 아내와 어머니에게도 미안하고 죄스런 마음으로 평생을 보냈을 거야.

김구는 자신의 이야기를 아들에게 들려줘야겠다는 생각에 일기를 쓰기 시작했는데 그것이 유명한 『백범 일지』란다.

통일을 위한 노력

광복 이후 조국으로 돌아온 김구는 남과 북으로 사상이 나뉜 조국에 통일 정부를 세우기 위해 노력했어. 당시 한반도를 두고 미국과 소련(지금의 러시아)이 신탁 통치(어떤 나라가 다른 나라를 대신 통치하는 것)를 하려고 했기 때문이야.

국제 평화 기구인 유엔은 남한만이라도 단독 정부를 수립해야 한다고 했어. 이에 김구는 남과 북에 각각의 정부를 세우는 것은 옳지 않다며 반대했지. 김구는 남과 북이 통일된 정부를 세워야 한다는 일념으로 민족 통일을 염원했어. 김구의 계획을 반대하는 저항 세력도 있었으나 김구는 38선을 넘어 북한에 도착했단다. 회담장에 나선 김구는 북한의 지도자들을 만나 남북 협상을 위해 노력했어. 하지만 남한에서는 이미 단독 정부 수립을 위한 움직임이 구체화되었기 때문에 김구의 노력은 성과를 거두지 못한 채 대한민국 정부가 수립되었지.

안타깝게도 김구는 1949년 암살로 살해당하고 말아.

김구는 우리나라 현대사 인물 중 가장 존경받는 위인으로 꼽히는 사람이야. 그 이유는 독립운동과 통일 등 나라를 위해 평생을 바치며 소신과 원칙을 지켜 살았던 인물이기 때문일 거야.

1600년 영국은 동인도 회사를 세운 후 본격적으로 인도로 진출한 후 1765년 인도를 식민지로 지배하기 시작했어. 영국은 동인도 회사를 통해 인도의 풍부한 자원을 수탈하며 식민 지배를 강화했지. 19세기에 이르러 영국은 인도의 밭에 곡식이 아닌 목화를 심으라고 강요했어. 목화는 영국이 면화 산업 강국으로 발돋움할 수 있는 기회를 제공했지만 인도인들은 곡식이 부족해 극심한 식량난을 겪어야 했단다.

이에 간디를 포함한 많은 인도인은 영국의 혹독한 식민 지배에서 벗어나고자 독립운동을 펼치기 시작했어.

간디의 어린 시절

간디는 1869년 10월 2일 인도 서부의 포르반다르에서 태어났

어. 간디의 집안은 상인 계급에 속했어.

간디는 19살이 되던 해 영국에서 전쟁이 발발하자 영국군으로 참전하기 위해 입대를 결심했어. 하지만 군인이 되기 위해 받았던 신체검사에서 불합격을 받으며 입대하지 못했지. 이후 간디는 1888년 영국으로 유학을 가 변호사가 되었단다.

인종 차별을 겪다

변호사가 된 간디는 소송 사건 때문에 남아프리카 공화국에 머물게 되었는데 인종 차별을 겪었어. 1등 칸의 기차표를 가지고도 1등 칸에서 쫓겨났지 뭐야. 당시 흑인에 대한 차별이 심했던 남아프리카 공화국에서는 아시아인들도 차별 대우를 받았어.

간디는 짐칸으로 옮겨 가라는 승무원의 요구가 부당하다고 반박했지. 하지만 승무원의 요구를 거절했다는 이유로 경찰에 의해 강제로 기차에서 내려야 했고 짐까지 바닥에 던져졌어.

간디는 남아프리카 공화국의 정책에 반발했고 흑인들과 함께 인종 차별에 대한 저항 운동을 펼쳤어. 그러자 남아프리카 공화국에서는 폭동에 가담한 사람들을 모두 감옥에 가두었지. 하지만 전 세계에서 인종 차별에 저항한 사람들과 간디를 옹호하자 얼마 후 감옥에서 풀려났단다. 간디는 1914년까지 남아프리카 공화국에서 인종 차별 투쟁 단체의 지도자로 활동했단다.

비폭력 운동을 주장하다

인도로 돌아온 이후 간디의 삶은 평화롭지 못했어. 인도가 영국의 식민 지배를 받아 인도인들이 힘겨운 삶을 살았기 때문이야. 인도인들이 영국 지배에서 벗어나기 위해 곳곳에서 독립운동을 벌이던 때였어. 1919년 인도는 독립 의지를 굳건히 하며 영국군에 맞서 치열하게 투쟁했어. 그러자 영국 정부는 롤라트법을 만들어 인도인들을 구속했어.

롤라트법은 1919년 영국이 인도의 독립운동을 탄압하기 위해 인도인을 재판 없이도 체포하거나 가둘 수 있도록 만든 법이야. 이에 간디는 투쟁은 진리를 따라야 하고 생명과 인격, 재산에 대한 폭력을 휘둘러서는 안 된다는 방침을 세웠어. 폭력은 또 다른 폭력을 낳는다는 것이 간디의 생각이었거든.

이후 간디는 영국의 물건을 쓰지 않고 영국 정부에 협조하지 않는 비폭력 저항 운동을 통해 독립운동을 펼쳤어. 하지만 영국은 비폭력으로 맞서는 인도인들을 잔인하게 진압했어. 영국군이 무차별하게 총을 쐈거든. 이 사건으로 4천여 명의 인도인이 사망하고 천여 명이 다쳤어. 피해가 상당히 컸지만 인도인들은 영국군에 굴복하지 않았어.

당시 전쟁 중이던 영국은 자금 부족에 시달리고 있던 터라 인도가 독립하면 영국으로서는 손실이 컸어. 영국은 인도인들을 손쉽게 다루고자 영국에서 생산된 소금만 먹을 수 있다는 소금법을 만들었어. 체내에 소금이 부족하면 인체는 균형이 깨지고 혈액도 망가져. 소금은 생존에 꼭 필요했기에 어쩔 수 없이 인도인들은 비싼 값에 소금을 사야 했어. 한편에서는 소금법을 폐지하라는 시위도 일어났지.

간디는 소금법 폐지를 주장하며 해안가를 걸었어. 하루 60킬로미터를 25일간 쉬지 않고 맨발로 걸었지. 인도인들이 하나둘 간디의 뒤를 따랐어. 어느새 사람들의 행렬은 끝이 보이지 않을 만큼 길었지. 간디는 염전에서 소금을 건져 내며 사람들에게 소금 만드는 법을 가르쳐 주기도 했어. 절대 영국인들의 뜻대로 움직이지 않겠다는 의지가 담겨 있었지. 영국에 복종하지 않겠다는 비폭력 저항 운동이었던 거야.

독립을 이끌어 내다

결국 간디는 행진을 함께한 이들과 감옥에 갇혔어. 그리고 법정에 섰지. 간디는 감옥에서도 불복종 운동을 멈추지 않고 기사와 책을 쓰며 단식에 돌입했어. 이미 세계 여론이 간디의 저항 운동에 주목하던 상황이라 영국 정부는 간디를 풀어 주며 협상을 시작했어.

간디는 전 세계의 여론을 집중시키며 인도의 완전한 독립을 외쳤고 그 결과 1947년 8월 15일 인도는 영국의 통치에서 벗어났어. 그 뒤로도 간디는 무슬림과 힌두로 나누어진 인도의 완전한 통합을 바라며 인도 곳곳을 누볐어. 그러다 1948년 괴한에게 총을 맞고 사망하고 말았지. 인도인들은 간디를 인도의 독립을 이끈 아버지라 칭하며 위대한 영혼이라는 마하트마를 붙여 부르고 있단다.

애국

목숨을 바친 애국 소녀

유관순

잔 다르크

유관순
대한 독립을 외치다
(1902~1920년)

일본은 1876년 강화도 조약을 시작으로 조선의 내정을 간섭하기 시작했어. 청일 전쟁의 승리로 주도권을 차지한 일본은 러일 전쟁까지 승리하며 조선을 보호국으로 만들었지. 이후 일본은 식민지 지배를 위해 필요한 시설들을 조선 곳곳에 만들었어. 결국 1910년 조선은 일본에게 국권을 빼앗기며 식민지가 되었어. 이때 유관순의 나이가 8살이었단다.

유관순의 어린 시절
유관순은 1902년 천안시 병천면의 작은 마을에서 태어났어. 자신이 옳다고 생각한 일은 굽히지 않았고 한번 결심한 일은 끝까지 해내고야 마는 성격이었다고 해. 한번 들었던 내용을 줄줄 외울 정도로 머리도 좋았다고 하지.

유관순이 살던 마을에는 선교사들의 활동이 많았는데 그중 한 사람의 추천으로 15살에 이화 학당에 입학했어.

독립운동에 뛰어들다

이화 학당 보통과를 졸업한 유관순은 고등과에 진학하면서 조선의 독립을 희망하며 시국에 대해 토론하는 이문회에 가입했어. 이문회는 이화 학당 내의 비밀 결사대였지.

유관순이 이화 학당에서 공부하던 시기에 제1차 세계 대전이 끝나면서 민족 자결주의가 확산되었어. 민족 자결주의는 식민 지배를 받는 민족의 운명은 그 민족이 스스로 결정하게 하자는 것으로 식민지 국가에 독립에 대한 희망을 갖게 했지. 조선의 운명을 일본이 아닌 조선이 결정할 수 있다는 뜻이니까. 당시의 독립운동가들은 민족 자결주의가 조선에서도 이루어지길 바라며 비밀리에 독립운동 계획을 추진했어.

유관순은 이문회를 통해 독립 선언에 대한 계획을 들었어. 이화 학당의 학생들도 대거 참여하기로 했어. 이화 학당에서는 학생들의 안전을 생각해 교문을 잠그고 선생님들이 보초를 섰어. 하지만 1919년 3월 1일 유관순을 포함한 많은 학생들이 학교 담을 넘어 탑골 공원으로 가 3.1 운동에 참여했지.

3.1 운동 이후 3월 5일에 학생단 시위가 있었는데 유관순과 학

생들은 남대문 앞에서 벌어진 학생단 시위에도 참여했어. 그러다 헌병들에게 잡혀가고 말았지.

이화 학당의 외국 선교사 선생님들이 아이들을 풀어 달라고 강력히 요구했고 일본은 국제 여론이 일어날까 두려워 유관순과 학생들을 풀어 주었어.

독립운동을 전파하다

조선 총독부에서는 학생들이 대규모 시위에 참석하자 학교에 휴교령을 내려 문을 닫게 했어. 당시 기숙사 생활을 하던 유관순은 휴교령으로 인해 고향인 천안으로 내려갈 수밖에 없었지.

천안에 도착한 유관순은 서울과 너무 다른 모습에 놀랐다고 해. 서울에서는 조선의 독립을 외치는 만세 운동이 한창인 반면 천안은 너무 조용했기 때문이지.

유관순은 숨겨 왔던 독립 선언서를 내놓으며 아버지와 동네 어른들에게 서울의 상황을 알렸어. 그러고는 교회와 마을을 돌면서 천안에서도 독립 운동을 해야 한다며 뜻을 함께할 사람들을 모았지. 밤낮으로 뛰어다니느라 발이 부르트고 입술이 갈라졌지만 한 사람이라도 더 모아야 한다는 생각에 걷고 또 걸었어. 일본의 감시를 피해야 했기에 아주머니들처럼 머리에 수건을 쓰고 어두운 밤에 움직였지.

1919년 4월 1일 천안 아우내 장터에 3천 명이 넘는 많은 사람들이 모여들었어. 나라를 되찾기 위해 만세 운동에 참가하려는 사람들이었지. 유관순은 장터에 모인 사람들에게 태극기를 나눠 주며 독립 선언서를 읽었어. 그리고 목이 터질 듯 '대한 독립 만세'를 외쳤지.

　그런데 일본 헌병이 도착해 총을 쏘기 시작했어. 칼을 휘두르는 헌병도 있었지. 일본 헌병의 무자비한 공격에 유관순의 아버지와 어머니는 총탄에 맞아 죽고 말았어.

　유관순은 만세 운동 주도자로 잡혀 감옥에 갇혔고 온갖 협박과 고문을 당했어. 그러나 감옥에서도 당당하게 맞서며 대항했어.

　그러던 어느 날 유관순은 감옥에서 오빠를 만났어. 오빠 유우석 또한 공주에서 독립 운동을 하다 잡혀 왔거든. 유관순은 반가움과 설움이 복받쳐 오빠를 부둥켜안고 울었다고 해. 감옥에서 오빠를 만나 부모님의 죽음을 알려야 했던 유관순의 마음이 어땠을까.

감옥에서 생을 마감하다

　유관순은 1920년 9월 28일 모진 고문을 이기지 못하고 서대문 형무소에서 죽음을 맞이했어. 18살이란 어린 나이였지. 유관순은 감옥 안에서도 계속해서 만세 운동을 했어. 많은 수감자들이 유관순과 함께 만세를 부르는 소리가 형무소 밖에까지 퍼져 나갔다고 해.

옥중 만세 운동으로 유관순은 더 많은 고문을 당했고 고문으로 몸이 성한 곳이 없을 정도였어.

유관순은 죽는 순간까지 민족의 자주 독립을 외쳤고 유관순의 외침은 조선인들에게 독립에 대한 의지를 불어넣었지.

친구들이 말하는 유관순

유관순은 얼굴이 희고 복스럽게 생겼으며 키가 또래보다 컸다고 해. 고집이 세고 지는 것을 싫어하는 성격이었다고도 하지. 하지만 친구나 선생님의 빨래를 대신 빨아 주거나 청소를 도맡아 했고 웃음이 많고 장난도 잘 치고 뜨개질을 좋아했던 평범한 소녀였대.

이화 학당을 함께 다니며 5년간 기숙사 생활을 같이했던 보각 스님이 말한 일화가 있어.

기숙사에서 잠자리에 들기 전에 돌아가며 기도를 했는데 유관순이 기도하던 날이었어. 기도를 끝낼 때 "예수님의 이름으로 빕니다."라고 해야 하는데 "명태 이름으로 빕니다."라고 했다는 거야. 친구들이 배꼽이 빠져라 웃고 있을 때 웃음소리를 듣고 달려온 사감 선생님이 유관순을 비롯한 학생들에게 벌점을 주었대.

유관순은 보각 스님 집에서 보내 준 명태 반찬이 너무 맛있어서 명태 생각을 하며 기도하다가 자신도 모르게 명태가 나왔다고 말했대.

잔 다르크
프랑스의 승리를 부르짖다
(1412~1431년)

1328년 프랑스 국왕인 샤를 4세가 자식 없이 세상을 떠나자 사촌 동생이었던 필리프 6세가 왕위에 올랐어. 그러자 영국 왕 에드워드 3세는 자신이 샤를 4세의 외손자라는 이유를 들며 프랑스 왕위를 계승해야 한다고 주장했어. 이에 필리프 6세가 반발하고 나서며 두 나라의 대립이 깊어졌지.

당시 프랑스에서 대부분의 모직물이 생산되던 플랑드르 지역이 영국의 경제적 지배를 받고 있었어. 프랑스와 대립이 깊어지자 에드워드 3세는 프랑스 경제를 혼란에 빠뜨리기 위해 플랑드로 지역에 수출하던 모직물의 원료인 양모 공급을 중단했어. 그러자 필리프 6세는 유럽 최대의 포도주 생산지이자 프랑스 내의 영국 영토였던 기옌 지방을 차지하겠다고 선언했지.

1337년부터 1453년까지 휴전과 전쟁을 되풀이하며 이어진 영

국과 프랑스의 백 년 전쟁은 이렇게 시작됐고 프랑스의 영웅으로 등장한 이가 잔 다르크야.

잔 다르크의 어린 시절

잔 다르크는 1412년 프랑스 동부의 작은 마을에서 태어났어. 동레미라는 마을이었는데 당시 인구가 300명 정도로 아주 작은 마을이었지. 잔 다르크는 아버지를 도와 양 치는 일을 했어. 양 떼를 몰고 늑대나 도적 떼로부터 양을 구하기도 했기 때문에 자연스레 체력이 강해졌지.

평범한 소녀였던 잔 다르크는 독실한 가톨릭 신자였던 부모님의 영향으로 신앙심이 깊었어. 어떤 상황에도 미사를 빼먹지 않을 만큼 잔 다르크의 믿음은 두텁고 성실했지.

신의 계시를 받다

잔 다르크가 신의 계시를 받을 무렵 프랑스는 단 한 번도 승리를 거두지 못한 채 영국에게 많은 땅을 빼앗긴 상태였어. 더욱이 잔 다르크가 살았던 동레미는 영국군의 침략으로 큰 피해를 보았지.

그러던 어느 날, 잔 다르크는 '프랑스를 구하라'라는 신의 음성을 들었어. 잔 다르크는 부모님의 걱정을 뒤로한 채 마을을 떠나 프랑스군 경비대 대장을 찾아갔어.

그러고는 자신이 신의 음성을 들었다며 왕위 계승자인 샤를 왕세자를 만날 수 있도록 도와 달라고 했어. 샤를 왕세자를 만나 영국군에게 무너지기 직전의 오를레앙을 지킬 수 있는 묘책을 전하고 샤를 왕세자가 대관식을 치를 수 있도록 돕겠다고 말이야. 당시 프랑스 왕족이 대관식을 거행하던 곳은 랭스였는데 이곳을 영국이 차지했기 때문에 샤를 왕세자는 대관식을 할 수 없었거든.

하지만 경비대 대장은 잔 다르크의 말을 믿지 않았어. 잔 다르크는 포기하지 않고 꾸준히 간청했어. 마침내 잔 다르크의 열정에 감동한 경비대 대장은 샤를 왕세자가 있는 시농성으로 잔 다르크가 갈 수 있도록 도왔단다.

프랑스를 구하다

잔 다르크는 남장을 하고 기사와 함께 샤를 왕세자가 있는 시농성으로 달렸어. 샤를 왕세자도 잔 다르크가 오고 있다는 소식을 받았지. 샤를 왕세자는 잔 다르크를 시험해 보기 위해 초라한 옷을 입고 신하들 틈에 섞였어.

하지만 잔 다르크는 신하들 사이에 있는 샤를 왕세자를 한눈에 알아보고 무릎을 꿇었지. 잔 다르크는 샤를 왕세자를 위해 기꺼이 목숨을 바치고 프랑스를 구원하겠다고 맹세했어.

잔 다르크는 샤를 왕세자로부터 군대를 이끌 수 있는 지휘권을 받았어. 잔 다르크는 군사들의 애국심에 불을 지폈고 군사들의 사기는 재충전되었어.

잔 다르크는 군사들을 이끌고 영국에게 포위당한 오를레앙에 도착했어. 오를레앙은 전략적으로 중요한 위치였어. 샤를 왕세자가 파리를 되찾기 위해서는 오를레앙을 먼저 차지해야 했거든.

오를레앙에는 신의 계시를 받은 잔 다르크에 대한 소문이 쫙 퍼진 상태였어. 그동안 절망에 빠져 있던 오를레앙 사람들도 희망을 품게 되었지.

잔 다르크가 오를레앙 성으로 들어가려면 큰 강을 건너야 했어. 하지만 바람이 프랑스군에게 불리한 방향으로 불어 배를 타고 강을 건널 수가 없었지. 그런데 잔 다르크가 기도를 올리자 놀랍게도 바람의 방향이 바뀌었어. 기적 같은 일이었지. 맨 앞에서 군대를 지휘하던 잔 다르크는 영국군을 몰아내며 오를레앙을 되찾았어.

잔 다르크가 이끈 프랑스군은 이후 계속해서 승리했어. 사람들은 잔 다르크가 신이 보낸 사람이라고 믿게 되었지. 잔 다르크는 랭스까지 되찾아 샤를 왕세자가 무사히 대관식을 치를 수 있도록 도왔어.

샤를 왕세자는 샤를 7세가 되어 프랑스의 왕이 되었지. 하지만 잔 다르크는 영국군에 맞서 싸우다 결국 포로로 잡히고 말았어.

재판대에 오른 잔 다르크

잔 다르크는 영국군에 잡혀 감옥에 갇힌 동안 여러 번 탈출을 시도했어. 하지만 번번이 실패하고 말았지. 잔 다르크는 이단 혐의로 재판을 받았어. 당시 재판을 맡은 영국군에게 잔 다르크는 눈엣가시였기에 잔 다르크가 악마의 힘을 빌려 프랑스군이 승리한 것으로 만들기 위해 마녀로 몰아세웠어. 사제를 거치지 않고는 신의 계시를 받을 수 없다고 말이야.

더군다나 당시에는 여성이 남장을 하는 것이 종교적인 죄로 인식되던 터라 재판부는 이것을 문제 삼아 추궁했어. 잔 다르크는 전투에서 자신을 지키기 위해 어쩔 수 없이 선택한 것이라 했지만 재판부는 받아들이지 않았어. 결국 잔 다르크는 마녀로 몰려 1431년 5월 30일 많은 사람들 앞에서 화형에 처해졌지.

국민 영웅으로 거듭나다

백 년 전쟁이 끝나고 3년 후 샤를 7세는 잔 다르크에 대한 재판을 다시 열었어. 재판부는 1431년에 내려졌던 판결이 잘못되었다며 잔 다르크의 마녀 혐의를 풀어 주고 명예를 회복시켰어.

이후 1920년 잔 다르크는 성인으로 추대되었고 프랑스의 국민 영웅으로 불리며 지금까지 많은 사람들의 사랑을 받고 있단다.

자유

노동 운동의 불꽃

전태일

이크발 마시

전태일
노동이 존중되는 사회를 꿈꾸다
(1948~1970년)

 근로자의 날은 1886년 5월 1일 노동 시간을 8시간으로 줄여 달라며 투쟁한 미국 노동자들을 기념하기 위해 만든 날이야. 우리나라에서는 일제 강점기였던 1923년 5월 1일 일제의 억압에 조선 노동 총연맹에 의해 2천여 명의 노동자가 모여 노동 시간 단축과 임금 인상을 주장했어. 명칭과 일자가 변경되다 1994년부터 우리나라에서도 근로자의 날을 5월 1일로 지정해 시행하고 있단다.
 우리나라에서 노동 운동의 상징으로 여겨지는 인물이 있는데 바로 전태일이야. 전태일은 어떤 일을 했고 어떤 삶을 살았을까?

어린 시절의 전태일
 전태일은 1948년 대구에서 태어났어. 서울에서 초등학교를 다

니던 전태일은 아버지가 거액의 사기를 당하자 힘든 어린 시절을 보냈다고 해. 가난한 살림에 도움이 되고자 4학년 때 다니던 학교를 그만두고 일을 하기 시작했지. 생계를 이어야 한다는 생각으로 신문, 우산, 껌 등을 팔며 돈을 벌었어. 하지만 고단한 삶은 나아지지 않았지.

이후 전태일은 청계천의 평화 시장 방직 공장에서 재단 보조로 일하며 빠르게 일을 배워 실력을 인정받아 재단사가 되었어. 전태일은 친한 친구들과 힘을 모아 자기만의 가게를 차리고 싶다는 꿈을 꾸었지.

열악했던 근로 환경

전태일이 남긴 일기에 의하면 방직 공장의 노동자들은 햇볕도 들지 않는 곳에서 일했어. 좁은 공간에 많은 노동자들이 붙어 앉아 일했고 심지어 다락에서 일하기도 했지. 다락은 허리를 펼 수조차 없었어.

방직 공장의 보조원은 대부분 어린 여자아이들로 13살에서 17살 정도의 나이였어. 어린 여자아이들을 고용했던 이유는 적은 월급에도 불평하지 않고 시키는 대로 잘 따랐기 때문이야. 여공들은 아침 8시부터 밤 11시까지 15시간을 일했어. 일주일을 꼬박 일하며 쉴 수 있는 날은 한 달에 고작 이틀뿐이었는데 이들이 받은 월급은 천팔백 원에서 3천 원 정도였어. 너무 오래 일했고 일한 시간에 비해 월급은 아주 적었지.

공장에는 환기 장치가 없어서 폐에 이상이 생기는 여공들이 많았어. 아프다고 하면 공장에서 해고되었기 때문에 아프다는 말조차 할 수 없는 현실은 정말 끔찍했어. 전태일은 몸이 아파도 참으며 일하는 여공들을 보면서 한숨을 쉬었지. 자신과 여공들의 삶을 들여다보며 뭔가 잘못되었다고 느꼈어.

마음이 고왔던 소년

전태일은 평화 시장이 있는 동대문에서 도봉구 쌍문동에 있던 집까지 두세 시간씩 걸리는 거리를 걷곤 했어. 버스를 타야 하는 거리였지만 차비 30원을 아낀 돈으로 풀빵 30개를 사서 어린 여공들에게 나눠 주었다고 해. 전태일은 어린 여공들이 점심도 굶은 채 고된 일에 시달리는 것을 마음 아파했어.

어느 날, 함께 일하던 여공이 기침을 심하게 하다 피까지 토하게 되었어. 결국 여공은 병에 걸렸다는 이유로 해고됐지. 전태일은 큰 충격을 받았어. 자신이 나서서 여공들의 어려움을 도와주려 했으나 이들을 도와주었다는 이유로 해고되고 말았지.

전태일은 1968년 우연히 노동자의 인권을 보호하는 근로 기준법을 알게 됐어. 여공을 비롯한 공장의 노동자들은 근로 기준법에 한참 어긋난 노동 시간과 임금을 받고 있었어. 이거야! 라고 생각한 전태일은 노동자들에게 근로 기준법의 내용을 알렸어. 그러다 또 해고되고 말았지.

전태일은 평화 시장에서 해고 당한 이후 수도권 신축 공사장에서 일하며 많은 생각을 했던 것 같아.

마음의 결단을 내린 전태일은 일기장에 '평화 시장으로 돌아가야 한다, 불쌍한 형제들 곁으로 돌아가야 한다'고 적었어. 그리고 평화 시장으로 돌아와 삼동회를 조직했어.

노동 개선을 외치다

삼동회를 조직한 전태일은 노동자들의 실태를 조사한 진정서를 만들어 노동청을 찾아갔어.

나라에서 만든 법이니 해결될 거라는 강한 믿음을 가졌지. 그러나 전태일은 노동청 직원의 태도에 절망했어. 노동청 직원들이 그냥 두고 가라며 진정서를 거들떠보지도 않았거든. 전태일은 서울시와 청와대에도 진정서를 제출했고 방송국에 제보도 했어. 절대 포기하지 않았지.

그러다 평화 시장 노동자들의 열악한 노동 환경이 경향신문에 실려 사회적으로 관심을 받게 되었어. 안일하게 대처했던 평화 시장과 노동청은 전태일의 요구를 생각해 보기로 했어.

그러나 1주일이 지나도 아무런 연락을 받을 수 없었지. 전태일은 노동자의 권리를 지켜 주지 않는 그저 형식에 불과한 근로 기준법을 태우기로 했어.

불이 되다

전태일은 1970년 11월 13일 근로 기준법 화형식을 위해 친구들과 함께 평화 시장을 찾았어. 하지만 잠복해 있던 경찰의 방해로 시위가 무산되려고 하자 전태일은 준비했던 석유를 자신의 몸에 뿌리고 불을 붙였지.

온몸이 불에 휩싸인 전태일은 "근로 기준법을 준수하라! 우리는 기계가 아니다!"라고 외쳤어. 그리고 쓰러져 정신을 잃어 가는 순간에도 친구들에게 말했어. 자신의 죽음을 헛되이 하지 말고 끝까지 싸워 달라고 말이야. 한 친구가 옷을 벗어 전태일의 몸에 붙은 불을 껐어.

정신을 이어받다

이후 전태일의 어머니는 청계피복노조를 결성해 아들의 뜻을 이어 갔어. 청계피복노조는 대한민국 노동 운동의 상징과도 같은 조직이 되었지.

한국의 노동 운동은 전태일의 분신 사건을 계기로 새로운 전기를 맞으며 전국에서 2,500여 개에 달하는 노동조합이 결성되었어. 정치적으로 민주화만 고민하던 대학생과 지식인들도 노동자의 삶에 주목하기 시작했지. 야학을 만들어 노동자들을 교육시키고 공단에 직접 취업해 노동자들의 실상을 고발해 도우려고 했어. 노동자들 또한 스스로 노동조합을 세우려고 했고 자신들의 권리를 위해 싸우기 시작했단다.

전태일의 죽음은 최소한의 법적 보호도 받지 못한 채 저임금 장시간 노동에 시달리던 노동자들의 현실을 사람들에게 알려 관심을 불러 일으켰고 노동자들 스스로도 자신들의 환경을 개선하려는 노력을 펼치도록 만들었어. 우리나라의 노동 운동 발전에 큰 영향을 끼친 전태일을 꼭 기억했으면 해.

이크발 마시
어린이 노동 착취를 알리다
(1983~1995년)

세계 아동 노동 반대의 날이라고 들어 봤니?

국제 노동 기구는 아동 노동 문제에 대해 전 세계가 관심을 가져야 한다며 매년 6월 12일을 세계 아동 노동 반대의 날로 지정했어. 아이들에게도 생명 존중의 권리, 인간으로서의 존엄과 가치를 가지며 행복을 추구할 권리 등이 있단다.

세계 아동 노동 반대의 날은 아동 노동을 반대하고 아동 인권을 주장했던 이들이 있었기에 가능했던 일이야. 이크발 마시는 아동 노동의 실태를 직접 경험하고 고발했던 어린이로 세계 곳곳에 자신의 이야기를 전하며 어린이의 권리를 되찾기 위해 노력했단다.

짧은 생애 동안 파란만장한 삶을 살다 간 이크발 마시의 이야기를 들어 볼까?

카펫 공장에 팔려 간 아이

파키스탄의 가난한 집에서 태어난 이크발은 집안의 빚 때문에 불법 카펫 공장으로 팔려 갔어. 그때 이크발은 고작 4살이었지. 카펫은 당시 파키스탄 사람들의 주요 수입원이었어. 사람 손으로 직접 제작하는 파키스탄 카펫은 다른 나라 사람들에게 아주 인기가 높았어.

이크발은 아무것도 모른 채 낡은 트럭을 타고 카펫 공장으로 갔단다.

노예가 된 아이

이크발은 좁디좁은 카펫 공장으로 들어갔어. 공장에는 이크발 또래의 아이들이 많았지. 카펫 공장에 아이들이 많은 이유는 어른보다 임금을 적게 줄 수 있었고 카펫의 질을 높여 비싸게 팔 수 있었기 때문이야. 카펫의 질을 결정하는 것은 촘촘하고 정교한 매듭인데 어린아이의 작은 손이 촘촘한 매듭을 만들 수 있는 최고의 도구였거든.

이크발은 이른 새벽부터 늦은 밤까지 하루 10시간 넘게 직조기 앞에 쪼그려 앉아 매듭만 묶었어. 온몸이 저릿저릿하고 숨이 막히기 일쑤였지. 공장에 창문이 있긴 했으나 양털의 품질을 보호해야 한다며 창문을 열 수 없도록 했어.

날실과 씨실을 팽팽하게 잡아당기다 손을 베기라도 하면 큰일이었어. 카펫에 피가 묻으면 상품 가치가 떨어지기 때문이지. 공장에서 지내며 쌓인 식사비 그리고 실수에 따른 벌금은 또다시 빚이 되었어.

하루 종일 손끝에서 진물이 날 정도로 일해도 이크발의 손에 들어오는 돈은 없었지.

탈출을 결심한 이크발

이크발은 졸거나 실수했다는 이유로 매질을 당하는 친구들을 보며 두려움에 떨었어. 카펫 공장에서 벗어날 수 없을지도 모른다는 생각도 들었지. 탈출을 시도했던 몇몇 아이들이 다시 잡혀 왔거든.

카펫 공장 주인은 아이들의 탈출을 막기 위해 쇠사슬로 묶기도 하고 탈출하다 걸린 아이들은 무덤이라 불리는 공장의 맨홀 구덩이에 가두기도 했어. 그래서인지 아이들은 어느 순간부터 탈출을 포기했어.

하지만 이크발은 이대로 있다간 죽어서도 공장을 나갈 수 없을 것 같아 탈출을 결심했어.

철저한 계획 아래 탈출에 성공했고 카펫 공장으로부터 멀리 달아나기 위해 달리고 또 달렸어. 그리고 경찰서를 찾아 카펫 공장의 참상을 알렸지. 하지만 공장 사장과 한통속인 경찰은 이크발을 다시 카펫 공장으로 돌려보냈어.

이크발을 기다리는 건 심한 매질이었어. 입술이 터지고 온몸이 찢기는 고통을 참아 낸 이크발은 이곳의 참상을 세상에 알리기 위해 또다시 탈출했고 결국 성공했어. 자유를 찾은 이크발은 어린이들에게는 어린이로서 살 권리가 있다는 노예 해방 전선의 전단지를 보게 되었어.

어린이로서 살 권리가 있다는 말은 고통 속에 찾아온 한 줄기 빛이었지.

어린이 노동 운동가로 선 이크발

이크발은 몸은 자유로울지 몰라도 마음은 늘 불편했어. 카펫 공장에 갇힌 아이들이 생각났기 때문이야.

이크발은 노예 해방 전선을 찾아 도움을 청하기로 했고 노예 해방 전선에서 일하는 사람들을 만났어. 이크발은 사람들에게 카펫 공장의 참상을 알리며 자신의 몸에 난 쇠사슬 자국과 상처들을 보여 주었지.

이크발은 노예 해방 전선의 사람들과 함께 카펫 공장을 찾았고 그곳에서 고통받고 있던 아이들을 구했어.

자유를 찾은 이크발은 세계 곳곳에 착취당하는 어린이들이 많다는 것을 알게 됐어. 부당한 노동으로부터 친구들을 구하고 싶다는 생각도 간절했지.

이크발은 노예 해방 전선의 도움으로 학교에 다니며 어린이 노동자들의 비참한 생활을 폭로하는 등 노동 운동가의 길을 걸었어. 겨우 10대 초반이었지만 아이들이 아이답게 살 수 있는 나라를 꿈꾸었지.

이크발의 활동으로 어린이들의 노동을 착취하던 파키스탄의 대형 카펫 공장 몇몇이 문을 닫았단다.

이후 여러 활동을 펼쳐 가던 어느 날, 안타깝게도 이크발은 자전거를 타다가 괴한의 총에 맞아 13세의 나이로 생을 마감하고 말았단다.

이크발의 장례식에서 많은 사람들이 행진을 벌이며 어린이 노동을 반대했어. 유엔 인권 위원회의 노동 단체들도 어린이들을 보호하기 위해 앞장서기 시작했지.

그리고 1996년 6월 국제 노동 기구는 어린이 노동에 대한 협약을 체결하며 어린이 노동을 완전히 폐지해야 한다고 규정했어. 이크발의 노력과 죽음이 헛되지 않았던 거야.

5년이 지난 후 이크발의 외침을 마음 깊이 새겼던 사람들은 어린이 노벨상으로 불리는 세계 어린이상의 첫 번째 수상자로 이크발을 선정했어.

'어린이는 도구를 들고 일하는 대신 연필을 들고 공부해야 한다'는 이크발의 외침은 지금까지 많은 사람들에게 깊은 울림을 주고 있단다.

참고 도서

수잔 와이즈 바우어, 『교양 있는 우리 아이를 위한 세계 역사 이야기』, 꼬마이실, 2004
김은희, 『클레오파트라 이집트의 보석으로 피어나다』, 북스, 2009
이남고, 『이집트의 여왕 클레오파트라』, 시공사, 2009
『who 한국사』, 다산어린이
미추홀 역사편집위원회, 『나폴레옹』, 세종, 2014
정회성, 『작은 영웅 이크발 마시』, 영림카디널, 2009
어거스타 스티븐슨, 『라이트 형제』, 리빙북, 2018
윤영선, 『유관순과 잔 다르크』, 숨쉬는책공장, 2021
신채호, 『신채호가 쓴 이순신 이야기』, 현북스, 2018
권태선, 『차별 없는 세상을 연 넬슨 만델라』, 창비, 2015
위기철, 『청년 노동자 전태일』, 사계절, 2005
올랭프 드 구주·소슬기, 『여성의 권리 선언』, 동글디자인, 2019
나혜석, 『영원한 신여성 나혜석 작품집』, 에세이퍼블리싱, 2017
최용범, 『역사인물 인터뷰』, 페이퍼로드, 2011
이순영, 『이야기 속 역사 인물』, 지식공유, 2019
김육훈, 『초등학생을 위한 맨처음 근현대사 1-3권 세트』, 휴먼어린이, 2015
박기종, https://www.mk.co.kr/news/culture/7428055, 매일경제, 2016